中国社会科学院国情调研丛书
Chinese Academy of Social Sciences Research Books conditions

U0571471

基本公共服务均等化路径研究

——基于湖南省四县（区）的调研

Research on Pathway for Basic Public
Service Equalization
—Based on A Survey of Four Counties(District) in
Hunan Province

李 平 刘建武 张友国 等/著

经济管理出版社
ECONOMY & MANAGEMENT PUBLISHING HOUSE

图书在版编目（CIP）数据

基本公共服务均等化路径研究：基于湖南省四县（区）的调研/李平等著 . —北京：经济管理出版社，2019.7

ISBN 978 - 7 - 5096 - 6773 - 6

Ⅰ. ①基…　Ⅱ. ①李…　Ⅲ. ①公共服务—调查研究—湖南　Ⅳ. ①D669.3

中国版本图书馆 CIP 数据核字 (2019) 第 155120 号

组稿编辑：张永美
责任编辑：魏晨红
责任印制：黄章平
责任校对：童杉珊

出版发行：经济管理出版社
　　　　　（北京市海淀区北蜂窝 8 号中雅大厦 A 座 11 层　100038）
网　　　址：www. E - mp. com. cn
电　　　话：(010) 51915602
印　　　刷：三河市延风印装有限公司
经　　　销：新华书店
开　　　本：720mm × 1000mm/16
印　　　张：13.5
字　　　数：235 千字
版　　　次：2019 年 10 月第 1 版　　2019 年 10 月第 1 次印刷
书　　　号：ISBN 978 - 7 - 5096 - 6773 - 6
定　　　价：59.00 元

序　言

　　基本公共服务均等共享是共享发展的主要内容之一。推进基本公共服务均等化，是全面建成小康社会的应有之义，对促进社会公平正义、增进人民福祉、增强全体人民在共建共享发展中的获得感、实现中华民族伟大复兴"中国梦"都具有十分重要的意义。中共十九大报告明确指出，到2035年我国要基本实现基本公共服务均等化。不过，当前我国特别是经济欠发达地区的基本公共服务还存在发展不平衡、不充分的问题。不平衡主要表现在：城乡区域间资源配置不均衡，硬件软件不协调，服务水平差异较大；一些服务项目存在覆盖盲区，尚未有效惠及全部流动人口和困难群体。不充分主要是规模不足、质量不高，突出表现在：基层设施不足和利用不够并存，人才短缺严重；体制机制创新滞后，社会力量参与不足。因此，就基本公共服务均等共享存在的问题及其解决途径展开调研，及时总结相关经验和教训，对于我国推进基本公共服务均等共享具有重要意义。

　　为了总结湖南省典型地区推进基本公共服务均等共享的经验，中国社会科学院数量经济与技术经济研究所（以下简称"数技经所"）与湖南省社会科学院组成了专题调研课题组。本课题组负责人为数技经所所长李平、湖南省社会科学院院长刘建武，课题组成员包括张友国、李文军、彭战、蒋金荷、王红、刘建翠、陈金晓、韦结余、汪陈、窦若愚、刘玉玲、白羽洁。写作分工如下：张友国和白羽洁负责第一章，张友国负责第二章、第六章，蒋金荷负责第三章，陈金晓负责第四章，韦结余负责第五章，窦若愚和刘玉玲（调研侧记）参与了本书撰写。

　　课题组选取湖南省典型地区（长沙县、炎陵县、武陵源区、桃源县）作为基本公共服务均等共享的调研地点。近年来，湖南省每年都印发《全省基本公共服务清单》（以下简称《清单》），以敦促各级有关部门认真落实基本公共服务清单确定的目标任务，加大公共财政投入力度，加强基本公共服务供给方式创新，推进重大民生工程建设，确保各项目标任务圆满完成。每年《清单》都详细列出了免费公共服务、面向特定人群补助、政府提供的保障性公共产品三大类七十余项基本公共服务项目，涵盖就业、教育、医疗、安全、文化、保险、住房等民生领域的各个方面。以清单管理模式推进基本公共服务供给，有助于进一步转变政府职能、加强公共服务、保障改善民生，有利于各级政府更好地接受广大民众的监督，促进政府更好地履行公共服务职责。因而，作为推进基本公共服务均等共享的调研地点，湖南省具有十分突出的典型性。

课题组此次调研的目的在于深入把握我国推进基本公共服务均等共享的进展状况及其演化态势，总结、提炼基本公共服务均等共享实践中的经验教训，评估进一步推进基本公共服务均等共享面临的困难和挑战，为我国推进公共服务均等共享提供政策参考意见，同时为调研地区的基本公共服务均等共享提出具体思路和建议。

调研内容集中于湖南省四大经济板块若干典型地区的基本公共服务均等化。"十三五"期间，我国基本公共服务均等化的总体目标是：到2020年，基本公共服务体系更加完善，体制机制更加健全，在学有所教、劳有所得、病有所医、老有所养、住有所居等方面持续取得进展，基本实现基本公共服务均等化。据此，本书的内容主要包括以下五个方面：

一是了解调研地区的经济、社会发展等基本状况，主要包括调研地区的区位优势、自然及人文资源状况、经济规模、经济结构、城市化、对外贸易、人口规模及构成、人口分布状况、贫困人口规模、居民住房及消费状况、基础设施、教育、卫生、生态环境等。

二是调研地区推进基本公共服务均等化的政策措施及实施情况。重点调查梳理相关地区在发展公共教育、就业社会保险、医疗卫生、社会服务、住房保障、公共文化体育、残疾人基本公共服务等方面的情况，推动基本公共服务全覆盖，促进城乡区域均等化，创新公共服务供给等各方面所采取的政策措施。同时，通过调研了解相关地区上述政策措施的落实情况及效果。

三是调研地区推进基本公共服务均等共享存在的问题、面临的困难和挑战。通过调研找出相关地区推进基本公共服务均等共享方面存在的主要不足之处，分析相关地区进一步推进基本公共服务均等共享发展面临的困难和挑战，包括思想观念、资金、人才等方面可能存在的制约，经济、行政、法律等方面体制、机制可能产生的制约或存在的不足，发展基本公共服务与发展地方经济之间可能存在的矛盾、冲突等。

四是进一步推进基本公共服务均等共享的对策和建议。通过课题组前期一系列调研掌握的情况，并以座谈、访谈或现场的方式与各级地方政府机构、相关群体、研究机构、行业协会、企业进行充分沟通，继而对当前和未来一段时期相关地区推进基本公共服务均等共享特别是相关体制、机制提出意见和建议。

五是调研地区推进基本公共服务均等共享的经验与启示。通过对湖南省四大经济板块典型地区推进基本公共服务均等共享实践的调研，从中总结和提炼出具有普遍意义和推广价值的典型做法，为其他地区推进基本公共服务均等共享提供借鉴。

在调研过程中，长沙县县委、县政府，炎陵县县委、县政府，武陵源区委、区政府，桃源县县委、县政府及相关部门对课题组给予了大力支持，特此致谢。

课题组

2018 年 11 月 8 日

目 录

第一章　基本公共服务均等化概述

基本公共服务均等化体现了社会公平和对公民基本权利的保障。自 2006 年中共十六届六中全会上首次提出基本公共服务均等化以来，随着我国社会主义市场经济体制的不断完善，基本公共服务均等化问题越来越受到重视。特别是中共十九大指出，当前我国已经进入中国特色社会主义新时代，发展不平衡、不充分与人民对美好生活的向往已经成为社会主要矛盾，基本公共服务均等化的重要意义更为凸显。国内外学者都对基本公共服务均等化进行了多方面的深入研究，力求不断推动均等化的实现。不过，对于什么是基本公共服务均等化，学界还没有统一的标准和定义。为推动基本公共服务均等化的实现，基本公共服务均等化的概念和内涵、对均等化的测度及评价方法、实现路径和相关政策有待更加深入、系统的研究。

第一节　基本公共服务均等化概念的提出

基本公共服务均等化是一个具有中国特色的概念或术语，它是在借鉴西方发达国家公共服务领域大量实践经验的基础上，依据中国具体国情和经济发展水平，特别是根据政府公共服务在地区和城乡间不均等的现状，由中国理论界和实践部门共同提出的目标词汇（李伟，2010；涂小雨，2014；郑晓曦和余梦秋，2017）。中国的学者和政策制定者在辨析基本公共服务与公共服务相互关系以及深刻阐释均等化含义的基础上，对"基本公共服务均等化"概念进行了深入思考。

一、基本公共服务的内涵与外延

(一) 公共服务

讨论基本公共服务，首先要厘清公共服务的概念。公共服务概念的提出可追溯至 18 世纪后期。亚当·斯密在其所著的《国富论》[①] 中主张提供"必要的"公共物品和服务是政府不可推卸的责任，且公共物品和服务的提供应当满足公平性。其中，所提及的"必要的"和为大多数人享有的公共物品和服务可近似等同为现代意义上的公共服务。19 世纪下半叶德国学者瓦格纳第一次提出了公共服务的概念，指出国家财政支出中有一部分要直接用于公共服务，并强调用于公共服务部分的财政支出的重要性，20 世纪上半叶法国法学家莱昂·狄骥从法律角度阐述了公共服务是一项必须由政府提供的与社会团结紧密联系的活动（李艳霞，2017）。Samuelson（1954）首次明确提出了公共物品的概念，即公共物品是每个社会公民都可以平等消费的商品，且在消费这种物品时不会导致他人对该种物品消费权利的损失，进而使公共物品和服务的概念范畴进一步丰富和完善。总的来说，国外学者主要围绕公共服务做了大量探讨，但并没有提出基本公共服务的概念，更没有涉及基本公共服务均等化问题。

(二) 基本公共服务的内涵

国内绝大多数学者和政策制定者认为基本公共服务是公共服务中的一部分。具体而言，"基本公共服务"作为公共服务最基本、不可或缺的组成部分，是满足一定社会经济条件全体社会公众对最低公共资源需求的公共服务（范逢春，2016）。"基本"既意味着与公民的切实利益相关，又意味着政府职能的"底线"（曾红颖，2012）。2017 年颁布的《"十三五"推进基本公共服务均等化规划》则对基本公共服务的含义与具体项目作出了明确规定，即基本公共服务是由政府主导、保障全体公民生存和发展基本需要、与经济社会发展水平相适应的公共服务。当然，也有个别学者（如涂小雨，2012）认为"基本公共服务"与"公共服务"没有区别。

之所以要从公共服务中挑选出一部分专门定义为基本公共服务，主要是因为不同国家或地区处于不同的发展阶段，满足公众需求的可分配财政收入、政府失

---

① 亚当·斯密. 国富论 [M]. 西安：陕西师范大学出版社，2006.

灵程度、市场成熟程度、非营利部门成熟状况等诸多因素不一样，特别是公共财政支出还不能满足所有公共服务的均衡提供，因而要按照基础性和重要性的原则对公共服务的范围有所限定（国家发展和改革委员会宏观经济研究院课题组，2008；吕炜和王伟同，2008）。

（三）基本公共服务的外延

已有的大多数文献强调基本公共服务要以政府为主导，面向全体社会公众，并主要从公民的需求、权利和民生三方面界定基本公共服务，但学界关于"基本公共服务"的外延或具体范围尚未有统一的结论。例如，陈辰和叶映红（2012）认为，基本公共服务的范围中包括供给尚未达到公众可接受均衡状态的基本公共服务项目，不能泛指为与社会公众生存发展最底层需要相关的全部内容。唐钧（2006）认为，基本公共服务应围绕生存权、健康权、居住权、受教育权、工作权和资产形成权这六项我国公民不可或缺的权利展开。马慧强等（2011）强调基本公共服务的范围不应过分拓宽和缩窄，应保持适度原则，并认为基础设施建设、基础教育服务和公共就业服务、公共卫生服务和社会保障服务五类最基础的民生类和公益性公共服务应包括在内。武义青和赵建强（2017）认为，基本公共服务包括保障人类基本生存权、满足基本能力和健康需要三个基本方面。2012年颁布的《国家基本公共服务体系"十二五"规划》则明确提出，基本公共服务主要包含基本公共教育、基本医疗卫生、基本社会服务、基本住房保障等44类80个项目。

不过，学术界普遍认为基本公共服务是一个动态的、辩证的、具有阶段性特征的概念，因而随着经济社会发展阶段、人民需求以及政府能力的变化，基本公共服务的含义也会变化。例如，武义青和赵建强（2017）以及吕炜和王伟同（2008）认为，一个社会的基本公共服务范围会随着经济的发展、人民生活水平的提高和政府能力的变化逐步扩展。进一步，一些学者（如苗婧，2017）还强调，纳入均等化范围的基本公共服务内容要有优先次序，目前要优先提供的基本公共服务是基础教育、公共卫生和社会保障，随着经济发展水平的不断提高，可逐步纳入其他内容。一些学者甚至认为连公共服务的概念都需要与时俱进。例如，童光辉和赵海利（2014）提到，人类社会可以有意识地通过政策安排调整物品和服务的（非）竞争性和（非）排他性，不能单纯根据物品本身的自然属性或技术特征来区分"公共物品"和"私人物品"，要以人的需求为标准界定公共物品及服务。

二、基本公共服务均等化的含义

（一）均等化的含义辨析

在理解基本公共服务概念的基础上，可以定义基本公共服务均等化，即要基于公平和提升社会福利的原则，为人民群众提供大致"均等化"的基本公共服务。显然，如何界定"均等化"是理解这一概念内涵的关键。首先，当前学界普遍认为均等化是有差异的、相对的均等化。按马克思主义的观点，国家、地区之间总存在某种不平等，这种不平等只会接近最低程度，但不能完全消除（苗婧，2017）。因而基本公共服务均等化不是平均化，既要保证公民享受大致相同的基本公共服务，也要体现地区间的差异性（李新光，2018）。其次，均等化的含义也应与时俱进。正如恩格斯在《反杜林论》中深刻地指出："平等的概念，无论是以资产阶级的形式出现，还是以无产阶级的形式出现，本身都是一种历史的产物。"

综合国内学者的观点，当前对"均等化"的解释主要涉及机会均等、结果均等、公民的需求均等和能力均等四个维度。一些学者（如熊兴等，2018）认为，基本公共服务均等化的实质应是底线均等，即在承认地区、城乡及个人能力差异的前提下，保证全体居民享受到一定基本公共服务的机会均等。有学者（如安体富和任强，2007）提出，基本公共服务除机会均等外，居民享受到的基本公共服务的结果也要均等。另外，在政府提供基本公共服务的过程中，在满足机会均等和结果均等的同时，应考虑各地实际情况，尊重社会成员的自由选择权，但每个人对基本公共服务的需求因自身特征存在差异，那么"均等化"要考虑让相同公共需求的公民享受大致均等的公共服务，使社会成员多样化的需求能得以满足，即公民的需求均等（常修泽，2007；吕炜等，2007）。还有学者依据阿玛蒂亚·森提出的能力平等概念，认为资源的平均分配并不一定能得到最终结果的平均分配，因为个人对资源的使用能力不同，所以实现基本公共服务均等化要注重个人能力的培养，通过政策来尽量缩小个体的能力差异（李艳霞，2017），从而在促进能力均等的基础上保证结果均等。陈辰和叶映红（2012）则对均等化在主体上做了更为宽泛的界定，指出基本公共服务均等化也要涉及政府财力均等化和政府服务能力均等化。而在财力、能力、服务结果和基本消费需求四个基点上，又以基本消费均等化作为基本公共服务均等化的直接目的（刘尚希，2007）。

（二）基本公共服务均等化的含义

综上来看，学者们对基本公共服务均等化的界定还不尽一致。但大体上基本公共服务均等化的含义中应包括：基本公共服务均等化要与我国经济社会发展水平和阶段相适应，主要由政府提供公共服务逐步向多元化的供给过渡；能保障全体公民的"底线"需求、权利和民生，目前包括基础教育、公共卫生和社会保障在内，且范围可以不断动态地扩大；能通过追求机会均等、结果均等和能力均等等缩小城乡、地区及群体间的差距。

第二节　基本公共服务均等化的测度、评价方法及相关研究

国内外不少学者对基本公共服务均等化的测度和定量评价进行了研究。其中主要的方法是指标体系评价法，即通过对基本公共服务体系进行扩充和具体化分类，继而构建合理的基本公共服务均等化指标评价体系，展开定量研究。应用指标体系首先要解决的关键问题是测算单个指标的均等化水平。常用的方法有差异系数法、泰尔指数、基尼系数法等。如在教育均等化研究方面，Psacharopoulos（1977）通过计算不同教育阶段入学人数的差异系数衡量教育均等化程度；Ter（1975）和Sheret（1988）利用基尼系数衡量巴布新几内亚和东非等国家教育的公平程度；姜鑫和罗佳（2012）基于泰尔指数对城乡义务教育均等化进行了测度和评价。

指标体系法要解决的第二个关键问题是不同指标的权重问题。从现有的文献来看，有关指标权重的确定方法大致又可细分为以下四种。

一是等权重综合评价法。例如，安体富和任强（2008）构建了一个四个级别包括25个单项指标的基本公共服务指标体系，并利用这一指标体系对我国2000~2006年的公共服务及其具体的均等化情况加以评价。但等权重综合评价法没有考虑不同指标权重的差异性，使该方法在基本公共服务均等化研究领域中较少被采用。

二是熵权法。例如，韩增林等（2015）选取中国31个省级行政单位为对象，综合测度各省份城市和农村基本公共服务水平，利用信息熵原理构建基本公共服

务均等化指数，测度各省份城乡基本公共服务的均等化程度。熵权法是一种客观赋权方法，同样也存在与其他客观赋权法相同的问题，即当选择截面数据时，得到的结果可能不稳定。

三是层次分析法。例如，高萍（2015）基于全国各省面板数据的分析，建立区域基本医疗卫生均等化测量指标体系的递归层次结构，经过层次单排序，使用向量乘法对各层指标综合排序，分析了区域基本医疗卫生服务均等化现状。层次分析法主要用在决策结构复杂难以量化的问题上，是主观赋权法的一种，因而客观性不足，也未能在基本公共服务均等化评价中有广泛的应用。

四是基于 DEA 的研究。代表性的研究如陈昌盛和蔡跃洲（2007），他们采用经典 DEA 方法，利用公共服务的分类绩效及综合绩效的最大、最小之比和变异系数来衡量地区之间的差异。该方法的好处在于无须假设权重，进而可排除主观因素的影响，但是它只能评价供给的相对效率，而我国基本公共服务存在的最大问题是投入不足（林阳衍等，2014）。

从研究对象来看，国外的研究大体是以微观层面为主，对城市邻里、社区、不同阶层和群体的基本公共服务均等化进行深入研究及测度（文敏和文波，2016）。国内主要集中在宏观方面，对区域、省份城市和城乡之间的基本公共服务均等化的测度。不过也有不少学者对单一基本公共服务的均等化进行了测度，如教育公平（王善迈，2008）、社会保障均等化（李雪萍和刘志昌，2008）、公共卫生服务均等化（和立道，2011）、就业服务均等化（麻宝斌和董晓倩，2009）。

第三节　基本公共服务均等化是化解新时代社会主要矛盾的重要途径

基本公共服务均等化是共享发展、协调发展理念的具体化。基本公共服务均等化的实现，不仅有利于每个公民的生存发展、生产生活，有利于推动经济的发展，也有利于缓解社会矛盾，构建和谐社会，实现党和国家制定的目标任务。因而基本公共服务均等化日益受到重视。继十六届六中全会首次提出"逐步推进基本公共服务均等化"以来，中共十七大和十七届五中全会分别从完善公共服务体制缩小发展差距和保障改善民生的角度强调了基本公共服务均等化的重要性（吕炜和王伟同，2008；涂小雨，2014）。中共十八大把基本公共服务均等化当作人民生活全面提高的首要目标，中共十九大进一步将基本公共服务均等化基本实现列为 2035 年基本实现社会主义现代化目标的重要内容。

基本公共服务均等化不仅体现着"公平正义"，还能从多个途径促进社会的和谐和人的全面发展。一些学者从不同的角度阐释了基本公共服务均等化的上述重要作用。首先，基本公共服务均等化的逐步实现，能够使全体人民平等享有公共资源，从而有利于保障弱势群体的合法权益（张紧跟，2015）。其次，基本公共服务均等化能够保证每位公民获得生产和生活不可或缺的基本条件，从而在保障每个公民基本权利的同时，对经济的持续健康发展也具有重要的促进作用（林阳衍等，2014）。再次，由于基本公共服务均等化在一定程度上校正了社会财富初次分配的不平衡，从而能够缓解和抑制利益分化进程及其引致的社会矛盾（武力超等，2014）。最后，基本公共服务均等化有助于财政资金向财力薄弱地区转移，从而有助于优化资源配置、健全现阶段公共财政体系（熊兴等，2016）。总之，基本公共服务均等化是实现全面小康社会的一个重要部分、建设和谐社会的重要手段和实现中华民族伟大复兴"中国梦"的重要课题（武力超等，2014；吴根平，2014；魏福成和胡洪曙，2015）。

第二章 长沙县：发展经济提升基本公共服务均等化水平

改革开放以来，长沙县的经济活力得到充分释放，经济发展突发猛进，从一个农业县成长为全国闻名的经济强县，获得了"中西部第一县"的美誉。更为难能可贵的是，长沙县始终坚持让改革开放带来巨大经济发展成果为全县人民共享的发展理念，并树立了"民生立县"的发展战略，在基本公共服务均等化方面形成了许多值得推广的做法和经验。其一，长沙县善于根据国内外政治经济形势，不断创新发展思路（如创建国家级工业园区），以实体经济为根本，努力做大做强县域经济，从而为高质量的基本公共服务供给奠定坚实的物质基础。其二，长沙县特别注重运用积累的经济财富，同时发挥政府主导作用来建立健全基本公共服务体系，包括努力促进就业，建立"要分类、有梯次、保基本、广覆盖"的社会保障体系，以"办好人民满意的教育为目标"力促教育质量升级和教育资源均等化，采取多种措施将卫生、文化事业提升到全国领先水平，特别是通过实施以"微建设·微民生"项目大力解决服务群众"最后一米"问题。其三，长沙县在转变政府职能、建立服务型政府方面大胆探索，走在了全国前列。主要措施包括不断政务服务标准化、规范化、便利化、人性化，率先推行综合执法改革以营造平安和谐的发展氛围，以商事制度改革委突破口鼓励民众创新创业，优化整合政府机构职能以大力推动不动产登记制度改革，为最大限度为人民提供法律服务而实施启动"三分式"审理模式改革等。其四，长沙县特别注重缩小城乡基本公共服务差距。近年来，长沙县始终按照城乡一体化的要求统筹基础设施建设，不断改善乡村生产生活条件；通过发展现代农业、农业产业化、实施科技特派员工作制度等途径壮大农村集体经济，为乡村振兴注入新动能；围绕"环境优美、生活甜美、社会和美"的目标不断提升乡村治理能力。其五，长沙县特别注重推进生态普惠，在全国率先建立县级"两型"建设指标体系、率先启动首个"零碳县"创建工作，不断完善生态环保提质机制，大大改善了城乡生态环境质量和城市面貌，提升了群众生活品质。

第一节　长沙县历史沿革和经济社会发展基本情况

一、历史沿革

长沙县隶属湖南省省会长沙市，别称"星沙"，位于湖南省东部偏北，湘江下游东岸，县域总面积 1756 平方千米，辖 18 个镇（街），总人口 104 万，是全国 18 个改革开放典型地区之一，闻名遐迩的"中西部第一县"。长沙县北通岳阳地区的平江县、汨罗市，南接长沙市雨花区，东邻浏阳市，西连长沙市芙蓉区、开福区、望城区，拥有联通全国和世界的水、陆、空立体化的交通网络，区位优势非常明显。这里四季分明，气候温和，风景优美，土壤肥沃，物产丰富。

长沙县是一座历史悠久、人文荟萃、久负盛名的文化名城。据《长沙县志》[①] 记载，约 7000 年前的远古时代就有先民在此定居，繁衍生息。商周时期长沙县已是荆州（当时天下分为九州）的一座城市，春秋晚期已成为楚国的南方重镇。秦汉时期，长沙县曾被称为湘县、临湘县、抚睦县等，首次得名长沙是在隋文帝开皇九年（589 年）。其后虽经多次拆分、合并，但长沙县名一直得以保留。1922 年，长沙县直属湖南省，长沙县城为湖南省省会。1933 年建长沙市，市县分治。中华人民共和国成立后，长沙县曾隶属于长沙专区（1952 年改名为湘潭专区），1959 年隶属于长沙市。长沙县素有"屈贾之乡"的美称，文脉昌盛，历史曾涌现出一大批文化名家。近代以来更有无数仁人志士在此谱写出不朽的革命历史篇章，使长沙县与他们一起彪炳史册。

在整个漫长的封建社会时期，长沙县的经济社会状况多数时候是表现为"民丰粮足"的相对稳定局面。据《长沙县志》[②] 记载，长沙县在商周时期就有较为发达的青铜器具制造工艺；春秋晚期经济文化就有了较大发展，是楚国的重要粮

---

①②　湖南省长沙县志编撰委员会. 长沙县志（总序）[M]. 北京：生活·读书·新知三联书店，1995.

食基地；魏晋时期，香稻米被列为贡品；明代则已有"陶都"之誉。由于农业和手工业比较先进，加之交通便利，因而在封建社会时期，长沙县的商贸也相对比较繁荣（陈先枢、黄启昌，1997）。封建社会时期，促使长沙县国民经济有所发展的主要原因，一是长沙县有适宜农作物生长的优越自然条件；二是几次大规模外来人口迁入所带来的劳动力增长、生产技术及文化的大发展；三是长沙县所拥有的突出区位优势。

清末和民国时期，长沙县的土地大部分为地主和富农所有，经济仍以小农业和家庭手工业为主，私营商业主要集中于农村集镇且较为活跃，出产谷米、生猪、湘绣、土纱、土布、陶瓷、石材、刀剪、凉席等一些驰名省内外的地方产品，但国民经济总体上发展十分缓慢。自 20 世纪 20 年代开始，军阀混战、日军入侵接踵而至，加之频发的水旱灾害，这一时期长沙县的国民经济受到较大冲击，社会也极不稳定。抗日战争胜利后，国民党政府积极反共，发动内战，加之政府腐败无能，导致长沙县国民经济进入了苛捐杂税不断加重、通货膨胀持续恶化和生产不景气相叠加的萧条期[①]。

新中国成立后，长沙县先后开展了减租退押、土改、农业合作化、手工业合作化、私营工商业社会主义改造等一系列运动改革了生产关系，国民经济和生产力得到了恢复和发展，人民生活水平显著改善，为国民经济的进一步发展奠定了基础[②]。其中，1950～1957 年，长沙县的工农业总产值年均增长约 7%，工业发展尤为迅速，工业总产值年均递增约 18%，产业结构明显优化[③]。这一时期，长沙县进行了大规模农田水利建设、推广良种、改革耕种制度、更新技术，农业生产发展较快。全县围绕农业办工业，兴办了许多国有和集体企业，以农具、粮油、食品、轻纺、建材为主体的工业得到了一定发展。同时，新修多条县乡公路，并形成以供销合作商业为主体的商业网络。不过，1958～1978 年长沙县国民经济总体上则处于不稳定发展阶段，虽然工农业总产值仍有一定增长，但经济波动幅度较大。

二、经济社会发展现状

改革开放后，长沙县的经济活力得到释放，国民经济进入全面持续稳定发展

---

①②③　湖南省长沙县志编撰委员会. 长沙县志［M］. 北京：生活·读书·新知三联书店，1995.

时期。1978 年，长沙县还是一个经济落后的西部小县城，1978 年全县地方生产总值仅为 2 亿余元。近 40 年来，长沙县的国民经济和居民收入稳步增长，产业结构持续优化，农业现代化稳步推进，主导产业发展迅猛，经济园区的聚集效应日趋明显。2013～2017 年全县分别实现地区生产总值 976 亿元、1100.6 亿元、1168.3 亿元、1280.3 亿元、1431.1 亿元。在 2017 年按平均常住人口计算人均生产总值达到 14.4 万元。同时长沙县的产业结构得到不断的调整和优化，三次产业结构比从 1978 年的 51∶32∶17 调整到 2017 年的 5.3∶64.2∶30.5，其中第一产业下降 45.7 个百分点，第二、第三产业分别提高了 32.2 个、13.5 个百分点。在 2017 年第一、第二、第三次产业对经济增长的贡献率为 1.5%、72%、26.5%，分别拉动 GDP 增长 0.2 个、8.1 个、3 个百分点。长沙县从一个农业大县逐步向以新型工业和现代服务业为主导的经济强县迈进。在全国县域经济基本竞争力、中国中小城市综合实力百强排名中已分别跃居第 6 位（2017 年）和第 5 位（2018），两项排名都连续多年位列中西部第一。同时，长沙县各项社会事业全面健康发展，生态环境不断改善，取得了世人瞩目的成绩，率先在湖南省实现全面小康。

（一）产业发展现状

改革开放 40 多年来，长沙县的农村经济得到了较快发展。农村率先进行了改革，全面推行了多种形式的家庭承包责任制，调整了生产关系，调动了广大农民的积极性。特别是近年来国家进一步深化农村改革，全面实行乡村振兴战略，高度关注农村、农业和农民问题，按照"政府主导、农民主体"的原则，出台了一系列惠农政策，农村面貌发生了根本变化。2017 年全县实现农林牧渔业总产值 119.2 亿元。其中农业产值 74.7 亿元，增长 5.7%，占农林牧渔业总产值的 62.7%；林业产值 3.8 亿元，增长 6.1%，占 3.2%；牧业产值 35.8 亿元，下降 2%，占 30%；渔业产值 3.4 亿元，增长 7.2%，占 2.9%。

改革开放初期，长沙县工业基础十分薄弱，除了屈指可数的几家国有工业企业外，其他多为作坊式的手工业。改革开放后，特别是经济开发区建立后，长沙县引进了一大批企业，发展了本地工业经济。1978 年长沙县工业总产值仅为 6800 万元，到 2017 年全县实现工业增加值 776.9 亿元；实现工业总产值 2944.4 亿元，其中规模以上工业实现总产值 2662.6 亿元。规模以上工业企业实现销售产值 2153.3 亿元；实现利润总额 116.9 亿元，实现利税总额 205.4 亿元。2017 年经开区等全县"一区七园"实现规模工业总产值 2601.7 亿元，同比增长

10.3%，占全部规模工业的97.7%，对全县规模工业总产值增长的贡献率为97.7%。其中经开区完成规模工业总产值占全部规模工业的86.2%；"七园区"完成规模工业总产值占全部规模工业的11.5%。

交通、邮电和旅游产业呈蓬勃发展之势。改革开放以前，交通不便、信息闭塞是长沙县的一个基本特征，也是制约县域经济发展的"瓶颈"。40年来，长沙县县委、县政府把交通建设作为加快经济发展、推进区域合作的重要工程来谋划，交通事业发展迅速，交通面貌日新月异。到2017年全年交通运输、仓储和邮政业增加值40亿元，比2016年增长9.8%。年末公路通车里程达到6207.6千米。全年公路客运量4320万人，旅客周转量49205万人千米；公路货运量2182.5万吨，货物周转量109897.6万吨千米；行政村客运（公交）班线通达率实现100%。2017年邮电通信业务总量18.1亿元，同比增长14.6%。年末全县移动电话用户163.6万户，增长1.5%；本地电话用户17.6万户（不含移动公司），下降22.5%。全县互联网络用户33.4万户，增长23.7%。旅游产业蓬勃发展。全年实现旅游总收入115亿元，同比增长22%。接待游客1075万人次，增长27%。年末全县共有星级酒店3家，其中五星级1家；新增2家AAA级旅游景区，年末全县共有AAA级旅游景区4处，AAAA级以上风景区1处。

（二）经济发展的需求拉动态势

固定资产投资是拉动地方经济发展的重要驱动力，长沙县在2017年全年完成固定资产投资955.9亿元，同比增长17.2%。全年亿元以上投资项目357个，完成投资额766亿元，占全年固定资产投资完成额的80.1%。其中，亿元以上非房地产项目250个，完成投资额603.3亿元，占全年固定资产投资完成额的63.1%。2017年全年完成房地产开发投资166.9亿元，增长38.4%。其中，住宅投资83.1亿元，增长23.4%；商业营业用房投资42.4亿元，增长50.9%。商品房新开工面积385.3万平方米，增长25.3%；商品房施工面积1264.2万平方米，减少4%；竣工面积165.8万平方米，减少60.3%。全年商品房销售面积301.2万平方米，减少22.7%，其中住宅销售面积198.8万平方米，减少42.4%。

改革开放以来，长沙县的消费市场日趋旺盛。2017年实现社会消费品零售总额479.5亿元，同比增长11.8%。其中，限额以上企业完成零售额343.8亿元，增长13%；限额以下企业完成零售额135.7亿元，增长8.9%。随着长沙县供给侧结构性改革持续推进和居民收入的稳步增长，消费新动能快速成长，消费需求不断释放。按销售单位所在地分，城镇零售额 345.4 亿元，增长 11.8%；农村零售额 134 亿元，增长 11.9%。按行业分，批发行业 38.7 亿元，增长 11.2%；零售行业 425.3 亿元，增长 12.1%；住宿行业 5.5 亿元，增长 12.1%；餐饮行业 10 亿元，增长 3.1%。

对外贸易快速提升。2017 年实现进出口总额 46.5 亿美元，同比增长 45.8%，占全省的 12.9%，全市的 33.5%。其中，进口 23.7 亿美元，增长 25.4%；出口 22.8 亿美元，增长 75.6%。在进口总额中，机电产品 128.5 亿元，增长 26.5%；汽车零件 34.3 亿元，增长 1.9%；高新技术产品 23.1 亿元，增长 18.4%。在出口总额中，机电产品 109.5 亿元，增长 51%；高新技术产品 44.8 亿元，增长 46.2%。

（三）民生社会事业发展现状

长沙县在加快经济发展的同时，高度关注民生问题，特别是近些年来，出台了一系列政策措施，着力解决人民最关心、最直接、最现实的利益问题，千方百计让发展的成果惠及广大人民群众，促进了社会和谐。

一是增加就业、提高居民收入和生活水平。长沙县努力扩大就业，通过县财政不断增加预算资金并鼓励社会力量参与，加强对下岗失业人员、拆迁群众和农村劳动力的就业培训。积极引导本地人员就地就近就业，近五年共推荐了约 2 万人到县内园区企业就业，共为 2.1 万多人提供了免费职介服务。为加快农村富余劳动力转移，近年来，县里每年预算安排 200 多万元用于农村劳动力就业技能培训，据不完全统计，近五年全县累计举办常年长、中、短期各类农民教育培训班 3800 多期，接受培训的农民达 25.3 万人次，实现农村劳动力转移就业 16.9 万人。2017 年城乡居民人均可支配收入达到 36977 元，同比增长 8.9%，其中，工资性收入 25261 元，经营净收入 4870 元，财产净收入 5054 元，转移净收入 1792 元。当年城乡居民人均消费支出达到 25257 元，同比增长 5.8%，食品烟酒支出占比为 23.7%。其中，城镇居民人均生活消费支出为 31123 元，增长 3.8%，食品烟酒支出占比为 23.8%；农村居民人均生活消费支出为 17866 元，增长 6.8%，食品烟酒支出占比为 23.6%。城乡居民文教娱占比 18.5%，较去年同期增长 1.2 个百分点。到 2017 年城乡居民人均自有住房面积 47 平方米，其中城镇居民 41 平方米，农村居民 54 平方米。

二是长沙县不断加大社会事业投入。近年来长沙县对教育的投入连续保持在

3亿元以上，全面完成了农村中小学危房改造，不断改善农村办学条件，认真落实了"两免一补"政策，大大减轻了学生负担。全县中小学适龄儿童入学率保持100%，中学巩固率达99.3%。对文化建设的投入也不断增加，除了投资1亿多元兴建了文化广场、广播电视等文化设施外，还提出了加强农村文化阵地建设、争创全国文化先进县的奋斗目标。对医疗卫生的投入逐年增加，每年投资400多万元改善乡镇卫生院基础设施和医疗设备，率先在全省建立了疫情网络直报系统，高标准建设了县疾病控制中心和人民医院，疾病控制体系和医疗救治体系不断健全。到2017年，全县共有体育设施面积158.3万平方米，同比增长0.14%。拥有各类体育场地1455个，其中标准体育馆4座，标准运动场90个，标准游泳池4个，各种训练综合用房123个。开展大型群众体育活动20次，全民健身运动参加人数达35万人次。其他社会事业的投入资金也是连年增加，使社会事业的发展更加全面和高效。

三是不断发展完善社会保障体系、提高社会保障质量。2003年以来，积极推进新型农村合作医疗，目前农民参与率已达98.5%，荣获"全国合作医疗先进县"称号。建立了城乡特困户医疗救助制度，累计救助7415人次，发放医疗救助金885万元。累计投入1330万元，新建和改建18所乡镇敬老院。先后在农村启动了"安居工程"和农村低保制度，累计为特困无房户、危房户以及五保户援建和捐建住房1000多栋；累计发放农村最低生活保障金3645万元，有3万多人享受到生活补助。城镇低保自1999年开始实施以来扎实推进，目前共计有4万多户9万多人纳入城镇低保，共计发放低保金96万多元，基本实现了城乡应保尽保。同时，社会保障扩面提质。到2017年全县企业职工基本养老保险、城镇职工基本医疗保险、失业保险参保人数分别达17.9万人（含参保离退休人员1.7万人）、26.2万人（含参保退休人员）和16.1万人，较2016年分别增长4.3%、5.3%、9.5%。

此外，长沙县的社会福利事业也持续发展。2017年末拥有各类养老机构24个，社会福利收养性单位床位数达4845张，收养1617人。加大对困难群体的慈善救助，全县救助总人数17385人次，共有1.33万人纳入低保范围。其中城镇低保对象615户、1106人，农村低保对象5639户、12230人。

第二节　长沙县推进基本公共服务均等化的做法

一、发展经济，夯实基本公共服务物质基础

基本公共服务均等化离不开物质基础的支撑。经济发展带来的财富积累有助于在更高水平上推进基本公共服务均等化。因此，大力发展经济是促进基本公共服务均等化的根本途径。长沙县自改革开放以来，始终坚持以发展为第一要务，不断提升人民群众生活水平。

（一）不断完善和创新发展思路

思路决定出路。改革开放之初，长沙县还是一个农业县，经济还比较封闭落后，只能解决人民温饱问题。长沙县委、县政府积极响应中央号召，确定了"以乡镇企业为主体，种养业为两翼"的"飞鸟型"经济发展模式。大力发展乡镇企业、粮食生产和多种经营，打破了农村单纯经营农业的格局，有效地解决了农村过剩劳动力就业的问题，有力地促进了长沙县的经济发展特别是工业的发展，为县域经济的腾飞夯实了基础。1990 年 8 月，湖南省提出"向长沙县学习，推动农村经济发展"的号召。经过十余年发展，长沙县的三次产业比例也从 1978 年的 52：32：16①演变为 1992 年的 40：43：17②，第二产业已成为最大的产业。

1992 年，在邓小平南方谈话精神的鼓舞下，为了进一步促进经济发展，通过集思广益，长沙县委、县政府制定了"以开发促进开放，以开发开放带动县城建设，实现全县经济腾飞"的战略。同年，长沙县决定将县治从长沙市区迁出，在星沙镇（当时称望新乡）建设长沙县城，结束千百年来长沙县有县无城的局面，并提出了"搬县城、进百强、达小康"的目标。同时，县委、县政府大胆借鉴沿海开发地区的发展经验，决定建立星沙开发区（即后来的经开区），通过

---

① 湖南省长沙县志编撰委员会. 长沙县志［M］. 北京：生活·读书·新知三联书店，1995.

② 根据《长沙县志 1988～2002》刊载数据测算。湖南省长沙县志编撰委员会. 长沙县志 1988～2002［M］. 北京：方志出版社，2007.

开发区带动经济发展和县城建设，将开发区定位为长沙县外向发展的科技工贸开发区和全县的政治、经济、文化中心。1997 年时，长沙县已经将县治迁入新县城，并进入全国百强县阵容（排名第九十七位），成为全省第一批小康县。1998年，长沙县开始按市场经济的要求，对辖区内发展了十多年的乡镇企业进行体制改革，使乡镇企业向民营化、公司化、集团化、现代化方向发展，向产业化、信息化迈进，克服了乡镇企业管理粗放、污染严重、效益不高等一系列问题，使其各项经济指标持续快速增长，经济效益逐步提高。

中共十六大召开后，长沙县坚持以科学发展观为统领，紧紧围绕"领跑中西部"的战略目标，切实调整产业结构，转变发展方式，积极探索经济社会全面协调可持续发展道路。2008 年，长沙县提出了自己的"一县两区、南工北农"主体功能分区方案，即南部以国家级经开区及其托管的几个乡镇工业园区为中心发展工业，北部则依托国家级现代农业示范区定位于发展农业和保护生态环境。同时，长沙县采取不同区域"分类考核"的制度，率先取消 GDP 考核指标，从而形成了"仅以 1% 的土地创造财富，99% 的土地用来保护生态环境"的土地集约发展局面。在此基础上，长沙县进一步提出"三个共同"① 的理念，创造性地实施"四化两型"② 战略。科学发展也使长沙县连续多年"领跑中西部"，并于2012 年在全国中小城市综合实力百强排名中处于第十三位。

自中共十八大以来，长沙县按照中央"五位一体"确定的总体布局，积极贯彻落实五大发展新理念，提出了"三个率先"③、"三个共享"④ 的新目标，明确了"强南富北、民生立县、挺进五强"的发展主线。"强南富北"既延续了"南工北农"的主体功能分区格局，又是对"南工北农"的进一步升华。"强南富北"意味着南部地区不仅发展工业，也要发展现代服务业，而且要把这些产业做强、做优；北部地区不仅发展现代农业，也应发展现代服务业，从而带动北部乡镇的老百姓发家致富。"民生立县"即使人民更好地共享改革发展得成果，迈向美好幸福生活新时代，它既强调了"强南富北"的最终目的，也体现了党执政为民的根本宗旨。"挺进五强"则为长沙县的发展明确了更高、更难的参照标

---

① "三个共同"是指幸福与经济共同增长、乡村与城市共同繁荣、生态宜居与发展建设共同推进。

② "四化"即新型工业化、新型城镇化、农业现代化、信息化。"两型"即资源节约型、环境友好型。

③ "三个率先"是指率先建成全面小康社会、率先建成两型社会和率先实现基本现代化。

④ "三个共享"是指全民共享经济发展成果、全民共享基本公共服务、全民共享平等发展机遇。

准，以激励广大干部群众更加奋发有为。围绕上述目标和发展思路，长沙县全面实施了"改革活县、产业强县、民生立县、生态美县、协调兴县、依法治县"六大发展战略，全面推进"二次创业"，开启"富北"新征程。中共十八大以来，长沙县的综合实力继续大幅跃升，城乡品质明显提升，一些关键领域和重点环节改革取得新突破。2017年长沙县的国内生产总值已经达到1431.1亿元，人均可支配收入达到36977元，三次产业结构是5.3∶64.2∶30.5①。在全国县域经济基本竞争力、中国中小城市综合实力百强排名中均跃居第六位，持续多年稳居中西部第一，实现中国十佳"两型"中小城市四连冠，连续十年被评为"中国最具幸福感城市"。

（二）努力打造现代产业体系

与其他中西部县域经济一样，缺乏资金也曾经是制约长沙县经济发展的关键因素，招商引资也是为了解决这一"瓶颈"问题。不过，长沙县委、县政府自改革开放伊始就确定了产业强县的发展思路，即培育支柱产业支撑县域经济发展。因而，在经历短暂的引进项目零散的时期后，长沙县围绕产业强县来调整招商引资策略，开始注重招大引强，努力壮大主导产业，积极发展配套产业，并形成了"着力引大、以大引小、成龙配套、梯次推进"的方针。特别是中共十八大以来，长沙县致力于调整优化产业结构，促进经济发展由二次产业主导向三次产业协同带动转变，按照"优势产业率先发展、潜力产业加快发展、传统产业规模发展"的原则，重点支持先进制造业做大做强、积极发展现代服务业、大力发展现代农业，逐步建立起多元支撑、高端高效的现代产业体系。同时，长沙县着力延伸产业链及产业价值链，提升产业核心竞争力，使产业发展质量和效益水平不断得到提升。

（1）加速推进新型工业化。近年来，长沙县以高端化、国际化和集群化为方向，加大技术创新力度，拉伸产业链条，提高本地配套能力，使第二产业的核心竞争力不断提升。一是持续做大做强工程机械，成为名副其实的工程机械之都。通过支持中联重科、三一重工、山河智能、中铁轨道等企业整合资源，开发高端产品，完善和延伸产业链，提高本地配套率，积极开拓海外市场，长沙县形成了起重机械、运输机械、土方机械、桩工机械、钢筋混凝土机械和设备、隧道施工机械、环卫机械、水利机械、港口机械、海洋机械等一系列工程产品，2017

---

① 资料来源：《2017年长沙县国民经济和社会发展统计公报》。

年工程机械产值接近千亿。二是大力推进汽车及零部件产业集群化发展，打造出中国汽车产业新板块。长沙县以长丰集团、北汽福田、上汽大众、广汽三菱等龙头企业为重点，通过实施整车带动与零部件推动及升级战略，调整优化经开区、榔梨、江背、黄花、果园和干杉汽车产品结构，拉伸汽车产业链，提高本地配套率，基本形成了以轿车、越野车、轻中重型载货车、客车、专用车、新能源汽车等整车为核心的全要素、多类型、高效益的汽车产业集群，2017年该产业产值已经超过千亿元。三是通过实施"以点带面、集群发展"战略促进电子信息产业快速优质发展。依托蓝思科技、国科微电子、纽曼科技、维胜科技等企业着力拉升智能终端的上游链条，围绕移动终端、物联网、云电视等领域培育和引进中小配套项目，依托深圳 IC 基地长沙基地引进一批集成电路研发设计、生产制造、封装测试企业，长沙县已经形成增长快速、结构不断优化的电子信息产业集群，该产业有望成为其第三个千亿产业。四是不断改造提升食品饮料、建材和印刷包装的传统产业的发展层级。具体做法包括依托空港城打造从原材料生产到食品加工、销售、消费完整的航空食品产业链，实现食品饮料产业升级；发展高技术含量、低能耗的新型建材，重点推广、应用新型墙体材料和散装水泥；建设集印刷、包装装潢、制版、研究开发、交易、展示于一体的产业基地，打造完整的印刷包装产业链。五是努力发展壮大建筑业。长沙县通过支持相关企业探索新的经营方式，重点拓展长三角、珠三角和环渤海区域市场，积极参与中西部基础设施建设，开拓境外市场，鼓励企业提高建设质量和服务质量，已培育出建筑业特级企业一家、一级企业十余家，成为著名的建筑业大县。此外，长沙县还着力壮大新材料、节能环保、住宅工业、北斗导航工业等战略新兴产业，这些产业也都初具规模，有望成为长沙县新的产业增长点。

（2）加快发展现代服务业。长沙县制定了《长沙县现代服务业发展与空间布局规划（2010～2020）》《长沙县关于加快现代服务业发展的若干优惠政策》以促进特色优势现代服务业的发展。一是重点培育现代物流业。在加快专业物流园区及现代物流公共信息服务平台建设的基础上，分别依托安沙物流新城、黄花空港新城、星沙产业基地、黄兴高铁新城、暮云商贸新城，重点发展公路货运物流、为黄花国际机场服务的航空物流、配套经开区的生产性物流、农产品及消费品集散的生活物流、配套长株潭城市群的物流产业。同时，加大汽车物流、食品冷链物流等领域的投入力度。二是积极发展商务服务业。以长永城市商务区、松雅湖高端商务区和黄花空港新城为载体，积极发展金融、咨询、设计等专业服务业。沿开元路、星沙大道、万家丽路等城区主干道发展总部经济和楼宇经济。充分利用服务外包试点城市的机遇，推动青苹果数据城等企业进军国际服务外包市场，大力引进、培育、扶持服务外包企业发展。三是加快发展商贸餐饮业。推进恒广欢乐世界等商业项目建设，升级中南汽车世界等传统商业中心，将星沙商圈升级打造成长沙市消费次中心；优化提升县城、集镇的传统服务业；主动承接马王堆等大型市场转移；构建城乡一体的商业连锁经营网络。四是推进房地产业健康发展。协调发展住宅、商业房地产，加强限价房、廉租房建设，支持商务楼、仓储工业地产发展，建立完善多层次、多档次的住房供应体系。五是大力发展旅游业。充分发挥特色资源优势和地处市郊的区位优势，重点发展休闲购物旅游、休闲体验旅游、红色旅游、文化旅游、生态观光旅游，着力打造"长沙市的后花园"、推进旅游产品上档升级和品牌化，2017 年长沙县旅游人次已突破 1000 万、收入突破 100 亿元。六是鼓励发展社区服务业。建立社区综合超市、便利店和综合便民服务点。鼓励发展家庭保洁、烹饪、保姆、老年人护理等多种类型的社区家政服务，重点扶持一批规模较大的社区家政服务公司。七是精心培育文化创意产业。结合县域文化创意产业发展实际，重点支持创意设计、宏梦卡通为主体动漫影视产业链、以星沙湘绣城为主体工艺美术、以天舟科教为代表的数字出版等新兴文化业态。同时，立足湖南先进装备制造业的产业基础，大力发展工业设计、软件设计、建筑与规划设计、广告与咨询策划等创意设计产业。长沙县的服务业占 GDP 比重已经从 1978 年的 16% 上升至 2017 年的 29.5%，在长沙县的经济社会发展中发挥着越来越重要的作用。

（3）大力发展都市现代农业。长沙县一直注重巩固农业基础地位，推动农业结构深度调整，通过培育发展优质稻、茶叶、蔬菜、水果、食用菌、花卉苗木、特种养殖等优势特色农业，加强农产品精深加工，逐渐构建出"一区两廊三带"① 现代农业发展格局。一是提升优势农业。长沙县以现代农业示范区为平台，在北部几个乡镇重点建设了一批水稻高产示范片和高档优质稻生产基地；建设春华、路口、黄花、干杉、北山、安沙等乡镇的水稻良种繁育基地；建设甜糯玉米、特种红薯等特色旱杂粮基地。以保护环境为前提，重点支持大围子黑猪发展，鼓励发展特种养殖业，确保畜禽产业结构不断优化。同时，建设了以春华等

---

① 一区两廊三带："一区"即长沙县国家现代农业示范区；"两廊"指百里茶叶走廊和花卉苗木走廊；"三带"指将 S207、黄兴大道北延、G107 打造三条特色现代农业综合示范带。

十个乡镇为重点的10万亩标准化生态有机茶叶走廊，实施科技兴茶战略，打造了"金井""湘丰""高桥银峰"等中国驰名品牌，扩大了品牌的带动能力。二是发展特色农业。出台蔬菜产业扶持政策，引导南部近郊蔬菜产业向北部远郊布局，以双江等近十个乡镇为重点大力发展设施蔬菜、有机蔬菜、反季蔬菜，建设十万亩蔬菜基地，打造蔬菜产业片区。以跳马、黄兴、干杉、江背、黄花等乡镇为重点，建设十万亩的花卉苗木产业基地和湖南花卉苗木大市场，花卉苗木年产值已超过30亿元。重点建设白沙乡万亩生态果园、青山铺镇万亩鲜食和酿酒葡萄精品园、安沙镇杨梅标准基地，扩大无公害水果栽种面积，发展观光果园。建立了高桥、路口、春华食用菌基地，逐步形成S207沿线食用菌产业带。三是提升农业机械化和农产品加工水平。以农机科技示范大户、农机股份合作社为依托，建立新型农机服务体系，推广先进适用农业机械化装备和技术，拓展农机化服务领域和农机补贴目录内容，已使农业机械作业综合水平超过85%，基本进入农业机械化高级阶段。同时，大力提升农产品加工水平，重点发展茶叶、粮油、蔬果、食用菌等农产品精深加工业，农产品加工产值过100亿元。四是健全农业服务体系，包括建立县、乡镇（街道）、村（社区）三级农产品质量安全体系、农业技术服务体系、农产品市场信息服务体系、规范有序的农村土地流转市场以及现代农业金融服务体系。

二、民生立县，完善基本公共服务体系结构

长沙县将"民生立县"作为主要发展思路，积极回应人民对美好生活的新期待，着力保障和改善民生，每年80%的新增财力用于民生发展。在做好就业、社保、教育、卫生、文化等大民生，基本建成全域覆盖的公共服务网和民生保障网的同时，长沙县还特别注重财政资金、政府项目覆盖不到而群众又迫切希望解决的"微民生"，以使人民群众生活更加舒适、更加幸福，并已荣获"中国最具幸福感城市（县级）"永久荣誉。

（一）大力促进就业增收

长沙县始终将就业当作民生之本，着力把保障就业作为改善民生的根本任务，努力拓宽就业渠道，鼓励创业带动就业，带动增收致富，合理调整收入分配关系，促进社会共同富裕。一是积极促进充分就业，动态消除"零就业"家庭。围绕"全覆盖、低失业、高和谐"目标，着力将长沙县打造成就业创业的"洼

地"。对就业容量大的服务业、民营企业和中小企业的发展给予支持,对吸纳就业量大的产业给予扶持。完善就业援助制度,运用公共财力创造或购买的就业项目和岗位,重点用于安置生活困难和就业困难的"双困"人员。提升农民职业培训的质量和层次,加大对农村富余劳动力非农就业的扶持力度;加强就业政策与保障政策联动,促进有劳动能力的低保人员积极就业。进一步规范人力资源市场秩序,健全劳动维权服务平台,强化劳动监察和执法力度。2017 年,长沙县的城镇登记失业率已低于 3%。二是激励引导创业富民。大力开展创业富民活动,充分发挥政府专项资金的引导作用,加大对创业企业的服务和支持力度,加快创业企业融资平台建设,大力发展创业型经济,优化创业环境,营造鼓励创业的良好氛围,建设创业型社会。加快城乡经济信息平台建设,努力拓宽产品、技术、人才信息交流渠道,增加创业致富机会。全力实施居民收入倍增计划,2017 年全县居民人均可支配收入已达到 36977 元,在 2007 年(15834 元)的基础上实现翻番。三是优化收入分配机制。加强收入分配政策调节。逐步提高最低生活保障、最低工资和基本养老金标准,提高低收入者收入水平;保障职工工资正常增长和支付。规范分配秩序,加强税收对收入分配的调节作用,有效调节收入差距,积极发挥社会慈善、捐助等制度对社会收入和财富的调节功能,鼓励和引导先富群体以各种形式回报社会。努力优化市场商品价格结构,积极排除低收入阶层劳动产品价格制约因素。完善公务员工资制度,深化事业单位收入分配制度改革。

(二) 健全社会保障体系

近年来,长沙县按照"要分类、有梯次、保基本、广覆盖"的要求,以基本公共服务均等化为目标,积极推进城乡一体的社会保障体系建设。一是健全社会保险制度。健全城镇职工基本养老、医疗、生育、失业、工伤保险制度、被征地农民社会保障制度和城乡居民最低生活保障制度。进一步完善了城乡居民基本养老保险制度,形成农民养老金合理增长机制。推进城镇居民基本医疗保险,健全全民医疗保障体系,已基本能为全县居民提供有条件的免费医疗服务。同时,长沙县还注重大力发展补充保险,鼓励发展商业保险。二是健全社会福利体系。加强社会福利事业建设,加大社会福利基础设施投入,全面落实生育、教育、养老等各项福利政策,积极引导和扶持社会力量发展福利事业。长沙县目前已建成 16 家敬老院、26 个公益墓地、50 家社区居家养老服务中心,实现了城乡同步建设、城乡全面覆盖。三是完善社会救助体系。完善最低工资、最低生活保障增长的调整机制。继续实施"分类施保",完善医疗、教育、住房等单项救助政策,并加强对困难群众的综合帮扶。继续发挥慈善基金会、红十字会等组织的示范作用,通过税收等政策引导和鼓励社会各方面积极参与慈善和公益事业。推进残疾人社会保障体系和服务体系建设,实现残疾人"人人享有康复服务和享受保障救助"。四是完善住房保障体系。主要是通过加大保障性住房建设力度,重点建设廉租房、限价房和公共租赁住房,逐步解决生活和居住困难家庭的安居问题;着力资助 2000 户以上特困、危房、无房居民新建住房,已全面完成农村危房改造,完成农村贫困家庭搬迁工程、完成工矿棚户区改造项目。

（三）力促教育质量升级和教育资源均等化

近年来,长沙县以建设教育强县、办好人民满意的教育为目标,更新教育理念,务实管理措施,在提高教育教学质量、改善教育发展环境、促进教育服务公平等方面取得了新的成绩,相继获评全国阳光体育县、省现代教育技术实验县、国家义务教育基本均衡县、省教育强县、国家职成教育示范县等荣誉称号,连续两年获得市、县绩效考核一等奖。

一是坚持均衡发展,办学条件整体改善。修编了《中小学（幼儿园）布局规划》,编制并启动《教育提升三年行动计划（2017～2019）》和《学校建设三年行动计划（2017～2019）》,近三年来,共投资 30.5442 亿元,安排 229 个建设项目,完成 138 所义务教育标准化学校建设,全面建成 21 所中小学,新建和改造幼儿园 14 所,建成"网络联校"56 所。新建学校数量和新增学位数在全市排名第一,规模最大、速度最快,属历史首创,农村薄弱学校得到全面改造,城区大班额问题得到有效缓解,让城乡孩子在家门口不仅有学上,还能上好学。

二是坚持内涵发展,队伍建设不断加强。深入推进师德师风建设和教师业务素质提升,积极开展"感动星城·十大魅力教师"评选等活动,一大批优秀教师和骨干教师群体正在形成。加大教师引进力度,近三年招聘录用新教师 1629人,进一步优化了区域内教师资源配置。实施名优骨干教师金字塔工程,目前长沙县已拥有省级网络名师工作室 1 个,市级名师工作室 2 个,县级名师工作室 15个,校级名师工作室 8 个,培育出 4 名正高级教师。广泛开展教师继续教育,全县教师培训共计安排 12000 多人次。落实省市"三区"支教工作,安排 30 多名中小学、幼儿园教师到内蒙古科佑中旗、沅陵和洞口县支教。继续实施"城乡互联,结对共建"活动,提高农村和薄弱学校师资队伍的整体素质。

三是坚持创新发展,教育改革日趋深化。严格实施"公办不择校、民办不择优"的中小学招生制度改革，教育阳光服务整体工作位于全省前列。积极推行县内品牌学校集团化办学，相继成立了盼盼、松雅湖、大同星沙、天华四个小学教育集团和六艺天骄一个幼教集团，着力培育和打造本土教育品牌和优质资源。教育教学教研联合体工作开展经常，有效地促进了城乡一体化、教育均衡发展。深化与北京师范大学、湖南师范大学、长沙师范学院等高等院校战略合作，大同星沙第一小学、大同星沙第二小学、长沙师范附属春建小学相继开学，北京师范大学长沙附属学校、湖南师范大学附中星沙学校顺利开工建设，确保2018年秋季开学。坚持开门办教育，坚持公民办并举的方针，支持发展民办普惠性幼儿园，加快城镇配套小区幼儿园建设、移交、开办工作，极力化解"入园难""入园贵"问题，学前三年毛入园率达98.6%，学前教育普惠率达76%。推进职业教育提质发展，加快筹备长沙县职业中专与长沙宝通机电、长沙育邦合作共建的产教融合项目，为县域经济发展提供了人才支持。

四是坚持公平发展，保障体系更加完善。深化平安校园治理。加大校园周边治安整治、流动摊贩整治、交通秩序整治，加强学校"三防"建设，确保校园及周边安全。推进全县学校（幼儿园）食堂标准化建设，启动由财政买单为全县学生免费提供直饮水。推进教育基金会工作，近三年共募集到账基金4000多万元。健全入学资助体系，对3554名建档立卡贫困学生进行应扶尽扶，2017年，全年共为216503人次发放各项资助资金12.88亿元。2018年已落实各项学生资助资金7400余万元，确保了不让一名学生因贫失学。安排18238名符合条件的随迁子女和5名脑瘫家庭学子全部就读公办学校，加强特殊教育学校设施装备和随班就读指导，困难群体实现无障碍入学，进城务工农民随迁子女就地入学率和适龄三类残疾儿童义务教育入学率均达100%。

（四）不断提升卫生和文化事业水平

一是卫生事业。近年来，长沙县着力调整卫生资源结构和布局，充分发挥财政投入的主导作用，积极引进社会资本投入，已建成两所千张病床以上的三级综合医院，三所特色专科医院，完善296个村级卫生室和社区卫生服务站建设，构建了一体化管理的基本卫生服务体系。通过加强高层次卫生技术人才的引进和全科医生的培养，使卫生事业向"预防为主、防治结合"的发展模式战略转型。初步建立起相对完善的疾病预防控制、卫生监督和信息系统，相对完善的公共卫生突发事件应急机制和公共卫生服务体系。多年的努力使长沙县居民健康水平与卫生服务指标达到了国内先进水平。二是文化事业。近年来，长沙县新建星沙文化中心、体育馆、博物馆、音乐厅等一批公益性文化设施。积极打造中西部地区一流县级媒体,大力推动文化资源共享、广播电视户户通、乡镇(街道)综合文化站、村(社区)文体活动中心、农家书屋建设。积极开展送文化下乡、全民健身运动等群众文化活动,支持鼓励文艺创作,丰富人民精神生活,提升地区文化品位。长沙县持续不断地努力使其公益性文化事业获得了大发展,并被评为"全国文化先进县"、"全国群众体育先进单位"、全国县级文明城市。

(五)精准实施"微建设·微民生"

根据习近平总书记提出的"保障和改善民生没有终点站只有新起点"的总体要求,贯彻落实中共十八大提出的"多谋民生之利,多解民生之忧,解决好人民最关心最直接最现实的利益问题"的精神,长沙县在做好常规民生项目即"大民生"的同时,还进一步创新思路,专门制订行动方案以做好"微民生"项目。所谓"微民生"项目就是常规财政支出和政府项目覆盖不到的、小而微、小而急的民生项目。为全面实施"民生立县"战略,进一步加强民生保障工作,县委、县政府决定,在全县实施以"微建设·微民生"为主题的"民生立县"三年行动计划(2017~2019年),以率先实现基本现代化为目标,以民生改善为根本,以"群众点菜、政府买单"为核心,按照"着眼于民、着眼于实、着眼于效"的方针,大力解决服务群众"最后一米"问题,努力满足人民群众对美好生活的向往,努力让人民经济更富有、生活更富裕、内心更富足。

"微民生"行动计划基本原则主要包括四项:一是"群众点菜,政府买单"。始终尊重民意,顺应民心,按照"群众的事情群众定"的思路,民生项目采取自下而上申报制。设立"民生立县"三年行动计划专项资金,强化资金保障。二是统筹兼顾,突出重点。坚持长远目标与阶段目标、整体规划与分步实施、硬件建设和软件提升相结合,选择群众看得见、摸得着、迫切需要的重要领域和薄弱环节作为着力点。三是项目带动,持之以恒。以项目建设为载体,遵循轻重缓急的顺序,推动民生工作一年接着一年干,确保民生改善不断取得新进展。四是规模适度,务求实效。坚持量力而行、尽力而为,以"跳起来摘桃子"的思维铺排项目,适度控制规模,合理设定目标,严格调度考核,以实实在在的成效惠及于民、取信于民,将群众点菜转化为点赞。

"微民生"行动计划的主要内容是以改善生产生活条件和提升公共服务水平为切入点,以"大民生"难以覆盖的盲区、真空区、边界模糊区为重点,强化"微民生"项目建设(见附录1)。一是改善生产生活条件。加快以饮水安全、农田水利、小型河道、路灯亮化、机耕道、路网设施、农村电商服务站等为主要内容的民生项目铺排和建设。二是提升公共服务水平。加快公共文化服务、养老服务、留守儿童服务、城乡集贸市场、生态停车场、美丽家园、村民体检等群众期盼的民生项目的建设和普及。

在具体实施过程中，"微民生"行动计划的主要做法如下：一是广开言路，科学决策。每年年初，各镇（街道）按照申报流程，指导各村（社区）发放和汇总《长沙县"民生立县"行动计划问卷调查表》收集"群众点菜"内容，召开党政班子成员会议集体研究确定申报项目，填报《"民生立县"行动计划重点项目申报表》报送至县委办。县委办汇总项目后将项目分解到各相关部门，由各部门结合省、市、县为民办实事工程、社区提质提档、城乡一体化、美丽乡村建设等工作，对项目的可行性和投入规模等出具审查意见。二是重在落实，严控项目质量。按照"业务部门指导，镇（街道）组织，村（社区）实施"的要求，各镇（街道）要严格按照项目管理有关办法实施项目建设。县委办将定期调度和讲评，分层次、分专题组织督查，及时了解各镇（街道）项目的实施情况，督促解决项目推进过程中的实际问题，更好地推动项目建设。已竣工项目由各镇（街道）组织初验，初验合格后由县委办牵头组织相关部门进行全面验收评审。三是落实专项资金，注重资金效益。县财政预算每年拿出不少于5000万元专项资金解决"微民生"问题，鼓励各镇（街道）通过以奖代投资、投资补助、特许经营、购买服务等方式吸引社会资本参与民生项目，确保有钱办事。同时各镇（街道）要通过一事一议、筹工筹劳的方式，调动群众广泛参与，提高财政资金使用效益。四是营造良好氛围。用"互联网＋"的思维广泛发动群众和征求意见，做好宣传引导，赢得群众支持；在长沙县政府网站开设专题、专栏，宣传实施"民生立县"行动计划的重要意义、目标任务和进展情况；总结推介典型经验和成功做法，大力宣传为民服务过程中涌现的先进事迹，在全县上下形成广泛参与、各方联动的浓厚氛围。五是严格责任追究。"民生立县"三年行动计划重点项目建设及资金使用情况纳入县对镇（街道）绩效考核范畴，对项目建设缓慢、项目存在质量安全问题、群众不满意、资金使用出现问题，发生贪污、挪用、套取、骗取"民生立县"专项资金的，将严格责任追究。涉嫌违法犯罪的，依法移送司法机关。

专栏 2-1 长沙县"微民生"项目考核内容

考核总分100分，考核内容包括以下五个方面：

1. 基础工作（20分）

组织机构健全，明确专职联络员的（2分）；"民生立县"重点项目资料有专人管理，整理规范的（3分）；每月向县委督查室报送项目建设形象进度信息不少于1条（5分），每少报一次扣0.5分，扣完为止；严格执行项目申报流程的（5分），每少一个环节扣1分，扣完为止；按时完成民生办交办的各项任务（5分），每通报一次扣1分，扣完为止。

2. 项目完成情况（30分）

该项考核采取扣分制，未按时申报项目的扣5分；申报项目少于3个的，每少一个扣2分；项目建设进度滞后的，通报一次扣2分；项目在建设程序、质量安全等方面存在违纪违规问题的，每例扣2分；项目未通过考核评审的，每个项目扣5分。以上各项累加，扣完为止。

加分项：在项目现场观摩评比中，获得第一、第二、第三名的，分别加5分、3分、2分。

3. 资金管理情况（25分）

该项考核采取扣分制，违反财经纪律的扣5分；各镇街要强化资金配套，以120万元为基数，每少10万元扣2分；在项目资金审计、财政检查中发现问题的，一个问题扣1分。以上各项累加，扣完为止。

加分项：群众投工投劳，资金使用效益较高的，视情况酌情加1~3分。

4. 宣传发动情况（10分）

该项考核采取扣分制，被媒体负面报道造成不良影响的或引发网络不良舆情的，一次扣2分，扣完为止。

加分项：采取多种形式宣传"民生立县"工作，群众知晓率高的，视情况可酌情加1~2分；在国家级、省级、市级党报党刊或网络电视上宣传推介"民生立县"工作的，分别加3分、2分、1分，同一内容被不同媒体报道的只取最高分，最高加分不超过10分。

5. 群众满意度（15分）

聘请第三方进行民意测评，根据测评得分分为很满意、满意、基本满意、不满意四个结果，分别计15分、12分、10分、8分。

三、改革创新，提升基本公共服务供给能力

（一）多维度强化"政务服务"改革

所谓政务服务，简言之就是指政府各级各部门在全面履行优化公共服务、保障公平竞争、加强市场监管、维护市场秩序等职责与作用时，为社会各界各层、各行各业的人群办事创业提供便利、快捷、高效的一种服务。从这个意义上说，速度最快、效率最高、活力最强、配置最优就是政务服务的本质特点与内在要求。多年来，长沙县政务服务中心（以下简称"中心"）一直在强化服务功能、健全服务机制，创新服务手段，提升服务效能上不断努力，循着"更准、更快、更近、更优"的目标，推出了政务服务标准化、项目建设并联审批、政务服务三级平台建设、"互联网＋政务服务"、帮（代）办服务等一系列便民举措。

（1）运用标准化手段促进政务服务规范化。一是清理行政审批事项，规范审批流程。2015年，根据省、市、县的要求，"中心"对行政审批及其他有关行政职权事项进行进一步的清理和规范，以清理前置条件、办事流程、申报材料，压缩承诺期限为核心，对全县54个部门的行政审批和行政职权事项的再次清理优化工作，初步编制了政务服务事项清单。从2017年开始，根据国务院审改办、国家标准委联合印发《关于推进行政许可标准化的通知》（审改办发〔2016〕4号）及省、市等相关文件的要求，"中心"将相关政务服务事项纳入"标准化"范围，按照"标准化指引"重新梳理办事要素、优化办事流程、绘制办事流程图。二是加快"线上线下"一体化平台建设。"中心"按照应进必进的原则，政务服务事项进驻实体办事大厅和网上办事大厅，为群众提供项目齐全的服务。围绕政府网站的"信息公开、在线办事和公众参与"三大主体功能，将事项的办理进度和结果在网上公示，做到办事全程透明"亮化"。同时，利用网络收集反馈意见，实现了政民直接互动。不断推动行政审批网上申报、网上预审、网上流转、网上办结、网上监察，提高行政审批效率和办理过程的透明度。

图2-1 长沙县政府编制的政务服务指南

图2-2 长沙县网上政务服务平台

（2）实行并联审批，让项目落地更快。一是推进建设项目并联审批。政务中心在前期调研、反复沟通协调的基础上，形成了《长沙县建设项目并联审批试行办法》，分别用 68 个和 48 个工作日完成政府投资、社会投资项目审批。采取"整合流程、一窗受理、联合审批、信息共享、统一缴费、限时办结"的方式运行。完成了政府、社会投资建设项目并联审批两个流程图的制定，明确各环节的并联审批事项及其审批时限。同时，对建设项目并联审批五个环节的审批事项、申报材料、审批时限、审批流程都进行了明确，进一步规范了并联审批行为。二是建立重大建设项目"绿色通道"。助推重大建设项目审批进度，进一步提升长沙县重大建设项目行政审批工作效率，"中心"对投资总额 5000 万元以上，社会投资总额 1 亿元以上且符合一定条件的建设项目纳入绿色通道进行办理，实行"优化受理、模拟审批、会商上报、提前介入、全程监督"，出台了文件《长沙县重大建设项目审批绿色通道实施办法》《长沙县重大建设项目审批绿色通道实施细则》，为重大建设项目从速开工创造条件为打破常规办理模式奠定基础。

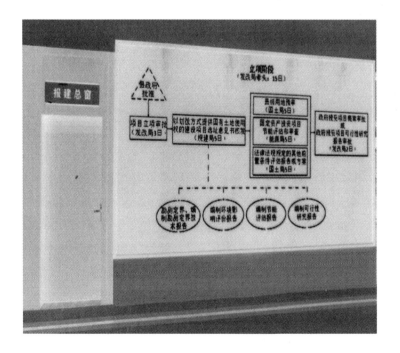

图 2 - 3　长沙县政务服务流程宣介电子屏

（3）创新服务方式，让群众在家门口就能办事。一是搭建三级服务平台，构建三级服务网络。2015~2017 年，"中心"下拨 200 多万元，以奖代投的方式，建成覆盖全县的规范化村（社区）便民服务中心，从窗口设立、配套设施、服务事项、服务要求等都有具体的文件规定、考核标准。经过五年的努力，长沙县建立完善了以县政务服务中心为龙头，以镇（街）政务服务中心为纽带，以村（社区）便民服务中心为基础的三级政务（便民）服务体系，其中八个镇（街）荣获长沙市"乡镇（街道）政务服务中心标准化建设优秀单位"。三级政务平台的建设，打通了为群众服务的"最后一公里"，政务服务从此离群众更亲、更近。二是全力推进"互联网＋政务服务"工作。"互联网＋政务服务"将政务服务与互联网这一载体有机结合，通过统一规范服务标准、优化服务流程和网上办理等方式，构建起了一整套公开透明、高效便捷的政务服务体系。从 2017 年开始，"中心"开始发展"互联网＋政务服务"。目前，主要完成了一些基础性工作。一是开发了"在线审批系统"，使政府门户网站具备了"信息公开、在线办事和公众参与"三大功能。二是建成了延伸到各镇（街道）和村（社区）的政务网络，实现了信息化基础设施的全县全覆盖。三是开展政务服务标准化工作，实现事项清单的标准化、办事指南规范化和审批工作细则化。

图 2－4　长沙县开发了在线办理和电子监察系统

（4）健全帮代制度，兜底政务服务。2017年4月，长沙县主动适应改革形势，在全省率先成立了帮代办服务中心，作为"中心"的工作机构明确了工作职责和人员编制。以政府购买服务的形式选聘了八名高素质人才，在整合服务大厅原有物业服务人员、保安人员和志愿者的基础上，形成了一支由20人组成的覆盖政务服务大厅多层次、一体化帮（代）办队伍，为前来办事的企业、群众提供帮（代）办服务。自成立以来，共接待办事群众咨询、引导事项共计10200项，日均接待近千人，群众回访满意率高达100%。此外，长沙县计划按两年四步实现帮（代）办服务全覆盖。代办服务将扩面到商事登记以及其他需要代办的行政审批及其他公共服务事项，并在金井、黄兴试点镇、村两级帮（代）办服务，2018年底帮（代）办服务实现全县全覆盖，构建县、镇（街）、村（社区）三级帮（代）体系。这项改革变"群众跑"为"帮代跑"，把麻烦留给干部、把方便让给群众，用干部的"星级服务"换取群众的"满意指数"。

专栏2-2 长沙县金井镇扩权强镇、服务民众

长沙县金井镇作为全市扩权强镇的试点镇，于2016年5月正式启动试点工作。金井镇始终以深化行政体制改革为总目标，以优化发展环境、改善民生事业为主要任务，力争打造"责权统一，精简高效"的基层政府。

一是加强政务平台建设提升公共服务能力。新建金井镇一站式政务服务中心，设立党建、计生、民政、城镇建设、国土、派出、市监、农林、文化等窗口，精准梳理政务服务事项55项，制定《金井镇政务服务办事指南》，建立镇村两级代办点，有效对接各项权限，方便基层干部和群众办理事务，简化了群众办事流程，尽量让群众少跑路。

二是发挥基层组织作用提高服务群众水平。依托村（社区）党组织，开展规范"小微权力"运行工作，通过制定《金井镇一站式便民服务手册》，规范、简化村级便民服务流程38项，同时建立村级帮代办制度，整理出32条村（社区）帮代办事项清单，实现干部"零距离服务"群众，做到了干部用心服务，群众省心办事，打造了具有金井镇特色的村级治理模式。

三是有效承接下放权限助推经济社会发展。金井镇通过承接县级 45 项下放权限，简化了公共部门与私人部门合作（简称"PPP"）（Reymont, 1992）项目、脱甲茶街、观佳集镇等项目的办理程序，加快了项目的建设速度；简化了中小型企业的手续办理流程，助推了多家企业的发展；在集镇建设及管理方面取得了好的效果，加速了城乡建设一体化建设，在社会管理上实现了新的突破，推动了金井镇经济社会的发展。

（二）率先实施综合执法改革，营造平安和谐发展环境

2015 年，长沙县主动适应改革形势，立足县域实际，全面整合 23 个领域的行政执法职能，组建湖南省首个县级综合行政执法局——长沙县行政执法局，成功探索出了一条符合实际、富有特色的行政执法改革之路，逐步建立起"权责统一，权威高效"的行政执法体制。成立以来，全局共计立案 9121 起，罚款 5173 万元，未发生一起行政诉讼败诉或行政复议被撤销案件，并先后获得"八项全国专利""六个全省先进"。依托综合执法优势，统一的投诉举报热线，集中执法力量，就民生热点和社会焦点积极开展专项整治，医疗卫生、劳资纠纷、违章搭建等民本民生问题，能够快速找到责任部门及时得到有效解决，群众满意度、政府公信力得到进一步提升。

（1）紧扣中央精神，着力打造改革样板。按照《中共中央　国务院法治政府建设实施纲要（2015—2020 年)》总体部署，紧盯中央顶层设计在本部门如何落地，紧扣中央提出的"行政执法三项制度"及"谁执法谁普法"要求，在县委县政府的全力支持下，长沙县行政执法局自主开发"阳光执法公示平台"，统一执法证件，设立执法开放日，全面落实"行政执法公示制度"；组建"法律顾问团＋专业法制员"的法制审核团，编制统一的电子执法文书，设立案审会，出台重大案件集体讨论、层级审核、过错追究等制度，自主开发执法办案系统，对案件层层审核把关，全面落实"重大执法决定法制审核制度"；全局执法人员配备执法通和全能执法终端，依托信息扫描录入、位置可视调度、4G 在线视频回传等功能，对执法轨迹、执法检查、证据保全、行政强制等进行全程音像记录，实时回传保存。对办案全程录音录像，实现"行政执法全过程留痕可回溯管理"，全面落实"执法全过程记录制度"要求。建设专业普法询问区，通过中央

普法精神展、普法警示教育片、原创普法动画片等形式，全面提升普法实效，落实"谁执法谁普法"要求。

（2）助力县域改革，全面推进依法治县。长沙县行政执法局持续深入推进行政执法体制改革，不断完善体制机制，加快资源整合，创新社会治理水平，从而助力县域其他改革的快速推进。通过加快"镇街属地分局"的筹备组建，完善美丽乡村建设治理机制，对内改革传统的行政管理体制，对外提升行政便利化水平，助力全县"放管服"改革及城乡融合发展体制机制改革；整合县域内信息化视频资源，打造全省首个行政执法综合管理服务平台，助推全县"智慧城市"建设改革；完善处罚信息及信用信息共享互换平台，助推全县社会信用体系建设改革；整合 23 个领域投诉举报热线，打造行政执法"110"，助力全县"12345"市民热线整合工作；设立长沙县公安局、长沙县检察院驻行政执法局联络室，建立公安、检察院驻点办公机制，加快推动行政执法与刑事司法衔接，助推司法体制和社会体制改革；行政执法体制改革与其他领域改革相互融合促进，不断推进全县社会治理体系和治理能力创新，营造更加平安和谐的经济社会发展环境。

（3）以问题为导向，以实际效果为依据，不断优化执法体制机制。长沙县从以往执法存在的主要问题出发，探索了一系列行之有效的执法创新措施，主要包括三个方面：一是破除执法壁垒，破解基层执法困境。大幅减少执法队伍种类，整合执法主体，完成"执法车辆、执法文书、执法证件、执法服装"的"四统一"和"集中办公、集中执法、集中审批、集中培训"的"四集中"，通过轮训、集训、以案代训、岗位培训等方式提升业务能力，湖南省法制办颁发了统一的综合执法证，实现由单一领域专业执法向多领域综合执法的转变，有效解决了力量分散、多头执法、重复执法等执法困境。二是下沉执法力量，优化社会治理效能。按照"点线面结合"的思路，正在逐步构建"县级层面 7 个专业分局 + 镇街层面 10 个属地分局 + 8 个镇街执法中队"的基层监管网络，90% 执法力量下沉到基层一线，集中行使 23 个领域 1517 项行政处罚权，执法职能明显加强，执法人员更加专业，构建了一个全天候无缝隙的执法监管网络，实现了无缝隙覆盖、高密度巡查、网格化管理，有效解决了以往"看不见、管不着"等社会治理问题。三是明晰执法边界，逐步理顺体制机制。就职能职责与涉改部门积极对接，调整完善权力清单和责任清单，厘清行政执法局与 23 个涉改职能局的责任边界，建立行政执法与行业主管部门日常监管和协作联动机制；构建县级层面的行政执法联席会议、行政执法监督委员会等机制，及时协调解决改革推进过程中出现的新难点、新问题，从制度层面解决了职责不清、职能交叉、争权诿责等问题。四是注重协同配合，行政效能整体提升。树立县区行政执法一体化意识，紧密对接原职能局，实现审批和处罚信息互通共享，就道路交通、环境保护、安全生产等重点领域开展专项执法；针对拆违控违、危货运输、超载超限等突出问题配合镇街开展联合执法；建立与公安司法部门信息沟通、案件移送常态化衔接机制；执法效率显著增强，各领域案件查处数量和罚没款数量均实现了倍增。五是规范队伍管理，执法形象全面改善。依托制度化和信息化手段规范执法程序，强化执法痕迹管理；利用"互联网＋队伍管理"，加强执法队员及执法辅助人员数字化管理，确保考核制度落地，做实做强队伍建设。树立服务型执法理念，在日常执法中做到普法宣传在先、说服教育在先、督促整改在先，在优化服务中提升行政执法社会满意度；初步打造出了一支专业化、法制化的执法队伍，执法队伍形象得到全面改善。

（三）深化商事制度改革，为民众创业创新提供便利

近年来，长沙县深入推进商事制度改革，先后实施了注册资本、"先照后证"、"三证合一"、"五证合一"、放宽住所、简易注销、名称授权下放、"多证合一、一照一码"、个体工商户"两证整合"等商事改革措施，不断释放改革红利，营造有利于创业创新的营商环境。

（1）积极为民众创业创新创造有利条件。一是取消最低注册资本。自 2014年 1 月 1 日起，长沙县放宽注册资本登记条件，除特殊规定外，取消了有限责任公司最低注册资本 3 万元、一人有限责任公司最低注册资本 10 万元、股份有限公司最低注册资本 500 万元的限制。随着最低注册资本限制制度的取消，市场准入门槛得以降低。二是实行注册资本认缴登记制。另外，长沙县实行注册资本认缴登记制，这一政策也对企业的日后发展奠定了很重要的基础。除对公司注册资本实缴登记另有规定的公司外，其他公司实行注册资本认缴登记制，公司实收资本不再作为工商登记事项，公司登记时，无须提交验资报告，为想创业但又暂时缺乏资金的追梦人打开创业之窗。三是积极推进"先照后证"改革。对从事一般经营项目的商事主体，取得营业执照后就可以开展经营活动，对涉及许可项目的商事主体，需要在同时取得相关许可证后方可开展生产经营活动。"先照后证"的改革，对需要通过融资等渠道吸收资金的商事主体来说，先领到营业执照可以优先到银行等机构申请项目资金等，无疑就是拿到了企业经营的"第一桶金"。

（2）优化登记注册制度。一是大力推行企业"多证合一"改革。2015 年 9 月 20 日，长沙县实行"三证合一、一证一照"登记制度改革，将工商、税务、质监三项事务合并成一个证照，企业注册从跑三个部门、交三次材料，变为一个窗口受理、一次提交材料。2016 年 9 月 20 日，在"三证合一"的基础上，再整合了社会保险登记证和统计登记证，实现"五证合一"；2017 年 6 月 28 日，在"五证合一"的基础上又推行"四十三证合一"，将 20 个部门的 38 个涉及企业登记、备案及相关后置审批事项与营业执照整合，通过一窗受理、信息共享、并联审批，统一核发加载社会信用代码和"多证合一"信息二维码的营业执照。二是优化工商户市场准入流程。2016 年 9 月 1 日，长沙县个体工商户正式实施"三证合一"，"三证合一"优化了市场准入流程，减少了重复性审查。2016 年 12 月 1 日，将个体工商户"三证合一"改革为"两证整合"，"两证整合"的实施，对于更好地释放市场活力，优化"大众创业、万众创新"环境具有非常重要的意义。三是全面实施"一照一码"制度。2017 年 9 月 28 日起，长沙县在"多证合一"改革的基础上，全面实施"一照一码"改革。"多证合一"改革是将信息采集、记载公示、管理备查类的一般经营项目涉企证照事项，以及企业登记信息能够满足政府部门管理需要的涉企证照事项，整合到市监（工商）部门核发的加载统一社会信用代码的营业执照上，被整合证照不再发放，被整合登记备案事项不再办理，使"一照一码"营业执照成为企业唯一"身份证"，使统一社会信用代码成为企业唯一身份代码。长沙县第一批整合涉企证照事项共 30 项，涉及 20 个部门。

（3）商事制度改革成效显著。一是提高了办事效率。"五证合一"的实施，企业登记办理时效由原来的 15 个法定工作日提高到 5 个工作日再到目前的 2.5 个工作日，"四十三证合一"，由原涉批事项的 222.5 个工作日压缩到目前的 7 个工作日，个体登记实现 1 个工作日发照。二是节约了企业成本。"多证合一"改革的实施将给企业带来便利：一是降低了创设企业的制度性交易成本。对于被整合的证照和登记备案事项，企业无须再办理，现在只需要准备一套登记资料，到食品药品工商质量监管局窗口办理"一照一码"营业执照即可，减少了企业往返各部门的奔波之苦，为企业节省了大量的时间、精力。二是企业办事方便化。由于"多证合一、一照一码"，营业执照具有唯一性、兼容性、稳定性、全覆盖性的特征，真正实现了"让数据多跑路、让群众少跑腿"，企业到相关部门办事只带营业执照即可，再不需带一摞证照，真正享受到改革红利。三是激发了创业创新热情。2014~2016 年，连续三年全县新登记市场主体保持 40% 以上的高增长速度，2017 年以来，全县新登记注册企业 4590 户，比 2016 年同期增长 32.54%，注册资本总额 163.4721 亿元，比 2016 年同期增长 55.72%；新办个体 14488 户，比 2016 年同期增长 70.61%，投资金额 19.6848 亿元，比 2016 年同期增长 68.75%，个体工商成活率 90% 以上；全县商事主体总数由改革前的 35253 户增加到目前的 88427 户。

近年来，新型经济保持了飞跃发展，从 2017 年新登记的市场主体数据来看，现代农业市场主体 1238 户，同比增长 23.1%；新材料、新能源、电子产品、生物医药、高端装备制造业 1305 户，同比增长 41.32%；信息技术、电子商务等现代服务业主体 2725 户，同比增长 208%；网络经营主体 467 户，同比增长 15.8%。自商事制度改革以来，长沙县以简政放权、放管结合、优化服务为"先旗手"，通过深化商事制度改革释放了经济发展的巨大潜力，激发了市场经济内在活力，在推进大众创业、万众创新，服务经济社会发展中取得了显著成效，得到省、市、县等各级领导的高度赞扬。

（四）推进不动产登记制度改革，让群众最多"跑一次"

自 2015 年 10 月开始，长沙县开始推进不动产登记制度改革，以提高行政效率、方便群众，并于 2016 年 4 月 29 日，颁发首本不动产权证书。在此期间，长沙县始终将不动产登记制度改革，视为"前无古人、利在千秋"的一件大事，主要改革措施可归纳为如下两个方面：

（1）实现登记工作体制机制的协同优化。一是推动职能职责的高度整合。不动产登记职能职责整合，解决之前"多龙治水"的局面是落实登记制度改革的初衷，也是最大的难点。鉴于此，长沙县明确将县住房保障局的房屋登记职责、房地产交易和房屋测绘管理职责，原林业局的林权登记、原农办的农村土地承包经营权登记以及原畜牧水产局水域滩涂养殖权登记职责划入县国土局。二是实现跨部门数据共享。坚持高位协调，打破部门"数据孤岛"，建立共享机制，目前林业、房产、国土数据已全部导入不动产登记数据库，并通过"人工摆渡"方式，实现与住保、税务、银行、中介机构的数据共通共享。三是重视岗前培训和系统调适。长沙县在省不动产登记中心的统一安排下，派出 5 名业务骨干，赴浏阳学习先进经验。全员集体学习了《不动产登记条例》及其细则，并邀请到省厅不动产登记处欧阳志军处长为全体人员授课。县政府专门发出通告，2016 年 4 月 18~27 日停办不动产登记相关业务，全面实施人员岗前培训和系统调适。

四是加强数据库建设。将不动产信息平台建设与投入500多万元的国土资源"一张图"工程、斥资7000多万元的数字长沙县地理空间框架建设项目统一谋划、统筹推进。五是及时做好硬件支撑。县财政专门拨付220余万元，通过招投标的方式，为不动产登记和交易窗口配置了一批高规格的内业办公和外业踏勘设备。

（2）坚持细处着手，打造"一站式"的全程服务。长沙县在不动产登记制度改革中，坚持从细处着手，以"群众利益无小事"的认识，实施精细化管理，把服务做到极致。一是抓小抓细，在精细管理中优服务。在不动产咨询台，摆放服务项目、办事流程、办事要求和注意事项等印刷资料，引导群众办事。实施叫号管理、设置等候专区、提供免费WiFi等，打造温馨的办事环境。要求全体人员一律着正装，佩戴工作牌，提供微笑服务，切实提高服务质量。二是实行"一窗通办"受理模式，主要包括：将非开发商业务不再按照登记类型（如首次、转移、变更、更正等）来细分，直接一次性大胆地将1~13号窗口人员统一培训推行"平行受理"，为群众提供"一站式服务"；将"落宗""数据补录""测绘"很专业的技术类窗口统一归口一个"前置服务"窗口，让群众"只问成果，不问过程"；将"导询台"的服务更加细化，资料不齐不发号，申请人不到不发号，程序不对不发号；针对开发商业务批次办理的特点设立专区，让业务更集中，办理更高效，档案更安全；开辟绿色通道，对于重点项目、重点人物或老弱病残等需要关照或加急的业务，安排了一个窗口集中办理。这些做法一方面得到了办事群众的高度认可，得到政务中心的大力推介；另一方面也锻炼和培养了不动产登记优秀人才。三是推出微信贴心服务。长沙县所有不动产登记业务类型，办事群众均可通过"微信公众号""国土局门户网站"实时查询业务办理进度；购置个人不动产信息自助查询机，群众通过自助查询机，"三秒"内可查询成年人和未成年人的个人房产信息，最大限度地方便群众买房缴税和开具子女入学证明、户籍落户等证明。四是提供短信提醒服务。推出"领证短信通知"便民举措，即在业务进入登簿环节后，第一时间通过短信通知办证群众前来缴费领取不动产权证书、证明，让群众少跑路，少烦心，多顺心。五是提供"点餐"式服务。推出利用微信公众号实时查询排队进度的"先知服务"，并即将开通网上业务预约办理新模式，实现让群众"点餐"与政府"端菜"成为政务服务新常态，备受群众好评。六是提供权证邮寄服务。继公众微信号、自助查询机、短信提醒等便民措施推出后，长沙县不动产登记发证又推出便民新举措，从2017年8月1日起，市民在申请办理不动产登记时，可以自愿选择权证领取邮寄服务。办理好权证后，市民可以在家里等着拿证，省时省力。

长沙县自实施不动产统一登记以来，严格按照申请、受理、审核、登簿法定程序依法办理，登记时限利用"互联网＋"和"微改革"等方式手段多次提速，所有业务办理时间都在法定 30 个工作日的基础上提速 50%（开辟绿色通道，长沙县重点工程项目或特殊人群 3 天内办结）。一年多以来，长沙县已受理了各类不动产登记和交易业务 57 万余笔，累计发放不动产证书和证明合计 18.2 万余本（其中证书 72030 本，证明 110692 张）。湖南省两次市县长不动产改革推进会在长沙县召开，接待全国学习考察近 80 批次，不动产登记改革"长沙县模式"在全省推广，改革取得较大成功。

（五）实施"三分式"审理模式改革，破解人案矛盾

2013 年以来，长沙县法院立足于现有的人财物实际情况，积极探索审判程序改革与审判标准化建设，以裁判文书简化改革为切入点，优化诉讼程序启动"三分式"审理模式改革，建立以庭审为中心的诉讼模式综合配套改革。改革始终面向实践，坚持目标问题导向，充分挖掘内部潜力和综合效应，走出了破解"案多人少"难题的基层新路。2017 年，该院收案 14403 件，同比上升 31.32%；结案 13497 件，同比增长 26.71%。结案率达 93.71%，结案率连续三年排名全市第一，存案降至 906 件，连续两年降低，一线法官人均办案 293 件，同比增加 108 件。有了"三分式"审理模式改革的先行先试，2017 年 3 月，该院员额制改革启动仅一个月就全部落实到位，过渡衔接有序，工作有条不紊，全方位地释放出了司法改革的"生产力"。

三次分流、突出庭审，推动审判标准化建设。通过五年时间的努力，该院形成了案件"繁简分流、事实分流、争点分流"的"三分式"审理模式，实现既定的"案件繁简分流、庭前求同存异、庭审定纷止争"三大分解目标，实现了都江堰式的"无坝引水、自然分流"。一是繁简分流（一分）。对接多元化矛盾纠纷解决机制，积极为县委成立的社会矛盾调解中心、ADR 纠纷解决中心提供业务指导，力争纠纷诉前解决；建立"速裁"便捷通道、设立交通事故巡回法庭，快捷处理小额诉讼程序案件和对事实没有争议、权利义务关系明确案件；科学筛选受理案件，将有无法律问题作为区分简单案件和复杂案件的重要标准。繁简分流后，仅约 20% 的案件进入普通程序审理。二是事实分流（二分）。在庭前准备阶段，由法官助理召集当事人召开庭前会议，对诉辩主张"求同存异"：固定当事人无争议事实，归纳整理有争议的事实。对无争议事实不再进行举证质

证，从审理事务中分流出来，有争议事实成为案件审理重点。三是争点分流（三分）。庭前会议阶段固定有争议事实后，围绕有争议的事实组织当事人就涉及的证据进行举证、质证，再将争议事实析分为若干争议焦点。庭审紧紧围绕争议焦点展开。

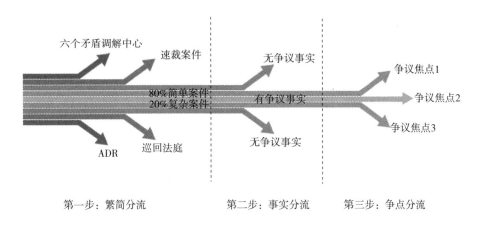

图 2-5　"三分式"审理模式

资料来源：长沙县法院提供。

"三分式"审理模式通过逐级分流的方式将无须诉讼的争议挡在门外，将没有争议案件、简单案件、无争议事实、争议焦点等案件审判元素通过庭前准备程序从案件审理流程中层层剥离出来，充分发挥多元化解程序、庭前准备程序、庭审程序等不同程序解决纠纷的价值，又确保案件在不同程序之间无缝对接。优化后的诉讼流程使案件审理能够做到庭前准备繁简分流、庭审聚集繁简分类，"一步到庭"且当庭宣判，实现了"让审理者裁判，由裁判者负责"的司法责任制改革目标。2017 年，收结案数、结案率继续上升，存案继续下降；适用简易程序审理的案件平均审理天数仅 55.6 天，审限内结案率达 100%，案件息诉率达到 87.93%，发改率降至 0.83%，其中行政案件发改率为 0，涉诉涉法信访保持零进京上访率纪录（历史老案除外）。

优化程序、剥离职能，法官助理主持庭前会议加速案件争议解决。长沙县法院持续打造"审判专业化"和"辅助专业化"队伍，探索聘任制法官助理制度改革，实行法官、法官助理、书记员"1＋1＋1"配置模式，启动法官助理在裁判文书上署名制度。法官助理在法官指导下开展工作；其最主要的职责是召开庭

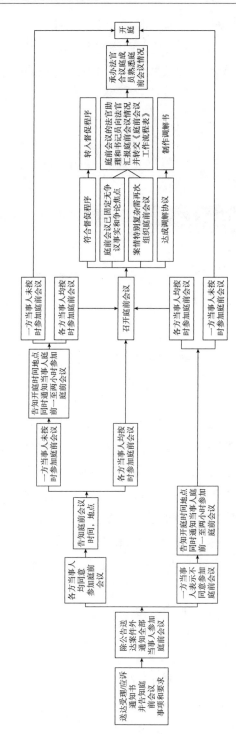

图 2-6 长沙县人民法院庭前准备工作流程

前会议，即除公告送达外的所有民事案件，均须由法官助理主持召开庭前会议，通过在案件事实上的求同存异，为庭审实质化及当庭宣判构筑基础。

庭前会议以当事人为主体、尊重当事人处分权为基础，在举证期间届满后、开庭前1~2个小时召开，内容包括告知诉讼权利义务、回避等程序性事项、明确诉辩意见、固定无争议事实、归纳争议焦点、调解等多项工作。庭前会议召开后，可根据会议成果对案件进行处理，调解的由法官确认，达到适宜裁判标准的及时开庭审理并当庭宣判，事实仍有待查实的可再次召开庭前会议。同时，为加强庭前会议标准化进程，该院设计了庭前会议笔录、工作进程管理表、庭审笔录，归纳了13类常见案件审理要点助力固定无争议事实及归纳争议焦点。

由法官助理主持庭前会议制度分流了以往庭审中的程序性工作，明确了案件的基本事实与庭审重点，有效防止证据突袭，减少二次开庭。改革后庭审效率大幅提高，平均庭审时间仅45分钟，较以往缩短了近2/3，法官半天开3~4个庭成为工作常态。对召开完庭前会议的案件，实行一次开庭即当庭宣判制度，2017年当庭宣判率达到78.76%，当庭宣判案件的上诉比率仅为4.5%；法官在基本不加班的情况下，人均办案数同比上升57.84%，个人年结案数最高达529件。当事人对法官助理工作认同度达到100%，法官对法官助理满意度达98%，法官和法官助理已经形成教学相长的人才养成新模式，法官助理岗位也被省内一些法学院的老师称为"第二法学院"。

文书瘦身、公正提速，"分论式"裁判文书提升司法效能。将裁判文书作为诉讼程序的目标要求，推出"分论式"裁判文书，将有争议事实和无争议事实分叙、事实审和法律审分论。对"诉辩要点"高度概括；对"案件事实"区分为有、无争议事实"分而论之"，无争议的事实简单概括、直接确认，有争议的事实逐一分析、详述认定依据；对"判决理由"充分释法说理。

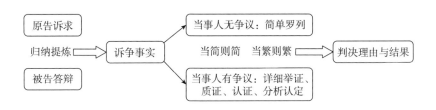

图2-7　分论式裁判文书式样

"分论式"裁判文书形成了无争议的事实不必说理，争议小的事实简洁说理，争议大的事实充分详尽说理的说理新格局，文书结构清晰、简明易懂，符合人民群众阅读习惯及法官庭审思路。"分论式"裁判文书减去了文书简单罗列证据、机械堆积事实等弊端，减轻了法官的文案牍压力、增强了文书的可读性。"分论式"裁判文书反映了"诉讼证据质证在法庭、案件事实查明在法庭、诉辩意见发表在法庭、裁判理由形成在法庭"的全过程，倒逼法官提高庭审驾驭能力、司法判断能力、文书说理能力。

"分论式"裁判文书做到了简化与说理兼容，通过随机抽取改革前后裁判文书各 500 份对比发现：改革前 52% 的文书为 7 ~ 10 页，而改革后 78% 的文书为 1 ~ 6 页，裁判文书全面瘦身；改革前文书判决说理部分约占篇幅 24%，而改革后判决文书说理部分占篇幅 48% 以上，文书说理的针对性、有效性明显增强。文书制作效率提升两倍，部分当事人在庭审后 30 分钟即可领到裁判文书，法官长期加班写判决书的工作状况得到了极大改善；在社会公众问卷调查中，群众对改革后文书的满意率高达 98%。

五年来，长沙县法院紧扣改革主题，完成了司法责任制改革规定动作，探索了"三分式"改革模式，取得了早改革、早发展、早受益的良好成效，得到了上级法院和各级领导的亲切关心和充分肯定。2017 年 8 月，中央政法委《政法动态》对该院改革予以推介。截至 2018 年 6 月，已经有全国各地 200 多家法院到该院学习考察。2017 年 6 月，该院作为全国唯一一家基层法院在全国法院案件繁简分流机制改革推进会上播放了改革视频短片并获评"全国法院案件繁简分流机制改革示范法院"。

四、统筹城乡，缩小基本公共服务区域差距

长沙县的城区集中在南部，经开区、临空经济示范区以及黄花综合保税区都位于南部城区，而北部则为广袤的乡村地区，也是现代农业示范区所在地。虽然改革开放以来长沙县的经济发展主要依赖工业，但作为曾经的农业大县，长沙县一直都非常重视农业以及乡村发展。"兴工促农"曾是长沙县在改革开放以来振兴乡村的主要思路，即通过经开区的工业大发展促进全县农业、农村的大发展。党的十八大后上述思路进一步发展为"强南富北"，即通过做强南部城区及第二、第三产业，带动北部乡村更快发展、农民更快致富，继而实现城乡共同富

裕。通过全面推进"六个统筹"①，"六个集中"② 城乡统筹发展策略，长沙县形成了以城带乡、以工促农，城乡一体、融合发展的新型城乡关系和发展方式，成为湖南省统筹城乡一体化发展的先导基地，全国城乡融合发展先行示范区。

（一）统筹城乡公共服务设施建设

近年来，长沙县按照城乡一体化的要求，有序开展村庄布局调整和土地整理，加快推进集镇改造，统筹规划城乡各类基础设施建设，强化城乡基础设施的衔接和配套，推进各类基础设施向农村延伸。一是大力建设城乡交通路网。按照城乡道路体系整体规划和设计，长沙县持续完善覆盖城乡的道路交通网络和综合运输体系，包括贯通南北通道，建设北部快速横向连接线，打通北部乡镇的对外快速联系通道。同时，积极改造提级现有农村公路，对全县无路面和砂石路面的村道硬化，持续创新农村生态路、环保路建设。全县已基本建成"布局合理、功能完善、安全可靠"的干线公路网。二是加强乡镇公共客运体系建设。通过制定实施公交统一发展政策，组建公交客运集团，长沙县完成了城乡公交一体化项目，优化调整了城乡公交线路，实行村村通公交，站点到村。三是加快推进城乡供水体系建设，城乡水厂提质改造，延伸农村供水管网。长沙县通过实施水源保护工程，已建设了白鹭湖、团结水库、金井水库三个水库，正在修建白石洞水库，且即将实现四库联网。新建的金井水厂，解决了北部近 10 个乡镇的供水问题。四是高度重视城乡水利设施建设。近年来，全面推进山塘整修加固、小机埠更新改造、小型水闸改造、中小型灌区改造，大力推广农村管网灌溉，实现有条件的水库等水源工程全县联网调度，提高了水资源的利用率。五是优化能源保障体系。通过农村电网改造、推广沼气、风能、太阳能等可再生能源利用技术，优化了农村能源利用结构。六是加强信息基础设施建设。以电脑、电话、电视"三电合一"项目建设为抓手，推进乡村通信网络、宽带信息网络系统建设，绝大部分行政村已经实现4G 信号覆盖和光纤通达。七是加强农村教育、医疗卫生、文化体育等基本公共服务设施建设。近年来，长沙县大力推进镇村两级卫生机构功能整合和农村卫生室标准化建设、推进农村中小学标准化建设并兴办乡镇公立幼儿园、完善乡镇综合文化站和村级文化活动室（"农家书屋"）发展，大幅度改

---

① "六个统筹"是指统筹城乡规划、基础设施建设、产业发展、社会事业、公共服务、生态体系建设。
② "六个集中"是指资本集中下乡、土地集中流转、产业集中发展、农民集中居住、生态集中保护、公共服务集中推进。

善了镇村两级公共服务设施。目前，长沙县已基本形成城乡共建、城乡联网、城乡共享的基础设施和公共服务设施网络，显著地改善了农村生产生活条件。

（二）发展集体经济，推动乡村振兴

长沙县坚持把发展壮大农村集体经济与发展现代农业、推进农业产业化等有机结合起来，加快农业产业结构和布局结构调整，推进农业生产向加工、销售、服务一体化方向延伸，增强城乡产业联系，构筑城乡互动产业链，促进城乡经济发展一体化，培育农村发展新动能。一是深入推进农业供给侧结构性改革，坚持质量兴农、绿色兴农，推动农业从增产向提质转变。以推进现代农庄和现代农业示范区建设为重点，着力打造以"互联网＋"为重点的"线上线下"农村创客产品销售平台，打通城市工商资本、技术人才进入农村的通道，把北部农村打造成为吸引全国创客的投资"洼地"，为北部农村集体发展提供强劲的内生动力。做强粮食、花卉、蔬菜、水果、茶叶等特色优势农业，进一步扶持壮大"金井""湘丰""国进""金山粮油"等一批农业企业，着力打造国家级、省级龙头企业，延长农业产业链，提高农产品附加值。全力建设国家全域旅游示范区，大力发展度假村、特色民宿等生态经济，鼓励社会投资旅游产业。二是积极探索集体经济实现形式，着力做好"乡镇、村级集体经济、新型农业经营组织"三篇文章。探索跨区域土地和项目开发，实施联合经营，引导行政村联合组建投资公司，实行集团化运作、资本化经营、市场化开发。鼓励探索以村级合作组织牵头，组织农户发展乡村旅游休闲业。建设增收载体，盘活闲置的村部、学校、旧厂房等资产，通过腾笼换凤、土地复垦整理、推广"飞地经济"，拓展发展空间。围绕各类产业园区和产业项目，积极发展配套型服务产业，鼓励城郊村利用集体建设用地兴办物业项目，建设综合商务楼、公共租赁住房、标准厂房、仓储等经营性物业，增加经营性资产。鼓励市级以上龙头企业参与和带动村集体兴办小型加工、服务等企业，发展自主经营型集体经济。三是建立城乡统一的要素市场，推动生产要素自由流动。建立城乡统一的建设用地市场，探索符合规划和用途管制条件的农村集体经营性建设用地出让、租赁、入股的具体方式；积极推进户籍制度改革，形成城乡劳动者平等就业的格局；建立城乡统一、竞争有序的人力资源市场；加快构建竞争适度、价格合理、服务便捷、普惠"三农"的农村金融市场体系，逐步实现村镇银行全覆盖，支持由社会资本发起设立服务"三农"的县域中小型银行和金融租赁公司，积极发展新型农村合作金融组织。支持各类企业、高校、院所到农村地区合作发展，引导发展要素向农村集聚。这些举措强化了各类生产要素在城乡之间的沟通和联系，进一步解放农村生产力。四是推进村级体制改革试点工作。按照"放开、放权、放活、让利"的原则，进一步完善乡镇发展考核办法和激励机制，探索、调整、完善县对乡镇的税收分成机制，充分调动乡镇发展农村经济的积极性。深化农村集体产权制度改革，落实"三权分置"办法，建立村集体资产管理制度，盘活闲置资源资产，加快农村宅基地和集体建设用地确权登记发证，支持村集体资产入股参与项目建设运营。进一步厘清和明晰农村各类组织的职能和相互关系，推动集体经济组织经营事务、行政事务与自治事务分离，推进村社两账独立核算，减轻村级组织行政管理和公共支出负担。改革村组经济体制设置，推进组级经济撤并和村级集中管理，增强集体经济统筹发展能力。坚持完善法人治理结构和政经职能分离，加快建立现代企业制度，积极引导条件成熟的集体经济组织实施公司化改造。

专栏 2－3　长沙县乡村振兴的三种模式及典型案例

一是浔龙河模式，即城市资本下乡，与农村的土地资源进行结合，对村容村貌进行集中整治。浔龙河村位于长沙县果园镇，全村总面积14.8平方千米，总人口3639人，其中党员180人。2009年前，由于交通闭塞、产业单一、人少田少，该村还是一个省级贫困村。自2009年以来，浔龙河村引入湖南浔龙河投资控股有限公司，以市场化运作建设浔龙河生态艺术小镇项目。通过创新实施多规合一、政策破题、模式创新，形成了人才和资本"洼地"，发展生态、文化、教育、旅游、康养五大产业，形成了第一、第二、第三产业融合发展的产业体系，有力地推动了乡村振兴。浔龙河村通过大力发展综合产业，不但吸收了大量本村剩余劳动力，甚至还吸引了外来就业人员，劳动力报酬也得到较大提升。现代农业、旅游服务、物业管理等板块有近300名本地村民就业，人均年工资收入8万元；在第二、第三产业方面，通过发展农副产品深加工、休闲旅游、乡村地产，新增外来就业人口1000余人，人均创业年收入达到8万元左右。

二是金井镇的产业带动模式，即通过打造万亩茶园促使村民增加收入。金井镇因井得名，因茶扬名，有近千年的茶文化历史，其乡村振兴也紧紧围绕茶产业开展。不过，金井镇茶业发展之初，也不过百余亩茶园。近年来，金井镇围绕"强南富北、民生立县、挺进五强"的发展主线，紧扣"茶"核心要素，逐渐形成了万亩茶园。该镇的两家龙头茶叶企业——金井茶业、湘丰茶业，逐渐从原始茶厂变为现代化企业。同时，金井镇整合"山、水、茶、禅"资源，全速推进城乡统筹建设与全域旅游发展，乡村振兴发展如火如荼、扎实有效，实现了发展起点高、势头好、成效明显的良好局面。

三是开慧镇的民宿改造模式，主要发动人民群众广泛参与发展民宿旅游，激发群众积极性。例如，自 2015 年以来，开慧镇锡福村抓住全县大力推进美丽乡村建设、发展乡村休闲旅游的这一良好机遇，通过市场化的运作管理、标准化的传统民宿、多元化的生态景观、职业化的群众参与，积极发展民宿产业。到目前为止，全村建成了喻家洞、大明湖、新桃源 3 个民宿区，20 个民宿旅游点，107 间客房，拥有 126 个床位，1 栋乡村酒吧和 1 个魔方营地，自营业以来接待游客超 10 万人次，营业收入近千万元。锡福村的民宿旅游得到了省、市、县各级领导乃至国家部门的高度肯定和赞扬，中央、省、市各大媒体多次来村采访报道，社会反响良好。

（三）不断提升乡村治理能力

长沙县主要围绕环境优美、生活甜美、社会和美的目标，以综合整治农村人居环境、建设乡村文明为重点，持续推进美丽乡村与乐和乡村建设，构建了一批全省领先的"宜居宜业宜游"美丽文明乡村。一是加强村庄规划和庭院整治。加大农村危旧房改造力度，启动"百村示范、千村联动、万户安居"工程，重点实施生态扶贫移民工程，帮助特困农户实施危房改造。按照风格、房型、规格的基本统一要求，设计编制农村民居图集，规范管理农民建房。全面整治农村闲置、废弃、私搭乱建住宅。落实农民建房质量、选址安全管理制度，规划改建的民居要达到布局科学、经济实用、生活便利、居住安全等基本要求。二是实施乡村清洁工程。引导农民开展秸秆还田、秸秆养畜，支持秸秆能源化利用设施建设。规范农村农业生产废弃物管理，减少农村面源污染。推行养猪大户退出机制，将生猪养殖污染控制在环境容量以内。持续推动农村污水处理全覆盖、垃圾处理全覆盖工程、"两河流域"治理工程等一系列农村环境整治工程，在有条件的乡镇建设1个机扫车分选站；根据需要和实际情况，每个乡镇建设1~3个综合分类处置站，并对现有垃圾站厕进行提质改造。三是美化绿化村庄环境。开展山水田林路综合整治，保持自然生态格局，保护森林和湿地等自然资源，提升农林牧渔等田园生产景观。开展村庄绿化，重点突出村域范围的"四旁"（村旁、路旁、水旁、宅旁）绿化，形成道路河道乔木林、房前屋后果木林、公园绿地休憩林、村庄周围护村林的村庄绿化格局。实施"点亮农村"行动，在农民集中居住区和村级公共活动区域安装新型节能路灯。四是全面加强村级治理。着力构建"三位一体、多元治理"格局（即基层党组织为核心、村民自治组织依法自治、社会组织有效参与），探索推广以村民小组为基本单元的村民自治实现形式以及"三事分流"为核心的村级公共事务实施方式，全县农村基本建立起新型基层社会治理新机制。

（四）实施科技特派员工作，助推强村富民

近年来，长沙县坚持把科技特派员工作作为"强村富民"的重要举措来推进，作为"人才强县"的特色亮点来打造，先后选派科技特派员240人次，进驻到农村一线和基层医疗单位开展科技及技术服务，得到了广泛欢迎，取得了明显成效。2009年、2011年两次被评为湖南省"科技特派员工作先进单位"。其主要做法如下：

（1）扩面增量，满足基层所需。自2007年科技特派员工作开展以来，基层各单位对科技特派员的需求量逐年增加。2012年，全县申报需求的单位仅有72个，2018年则增加到152个。同时了解到科研人员有大量的科技项目、科研成果急需到基层去转化推广。对此，长沙县着眼于"人才强县"和"强村富民"战略的现实需要，高度重视科技特派员工作，多次召开专题会议研究，并将之纳入县绩效考核内容，在人力、财力、物力上予以保障和支持，最大限度地满足农村经济社会发展对科技人才的需求。一是增加选派数量。第六批科技特派员由2016年度的23名增加到61名，2017年第七批科技特派员增至80名，选派规模居全省之最。二是加大财政投入。2016年县财政预算科技特派员工作经费40万元，专项经费在110万元的基础上增加到220万元，2017年县财政预算科技特派员工作经费和专项经费分别提高到80万元和300万元。三是拓宽服务领域。充分考虑每个镇街和每个特色优势产业的技术需求，将技术服务扩大到生态环境治理、蚕桑和小水果种植等 12 个领域。2017 年还将首次选派 4 名工业类科技特派员，以满足工业产业发展所需。

（2）科学选派，注重供求对接。通过优化选派原则和程序，促进科技资源供给与农民科技需求的有效对接。一是遴选派驻点坚持"四倾斜"。重点向村级产业特色较为明显、村党组织凝聚力和战斗力较强、村级经济较为薄弱的三类村倾斜；向具有明显示范带动效应、已经建立了党组织、自主艰苦创业的三类合作社倾斜；向有较强技术需求的初创型、有一定科研创新平台、产业优势较为明显的三类企业倾斜；向硬件设施薄弱、医务人才匮乏、地理位置偏远的三类医疗单位倾斜。二是挑选科技特派员坚持"六优先"。瞄准湖南省农业科学院、湖南农业大学、中南林业大学等省内高校和科研院所的专家教授，主动上门对接，发布需求信息，接受自愿报名。按照"六优先"原则挑选科技特派员或派出团队，即优先考虑双方是否有合作意愿、是否带成果带技术带项目、专业方向与技术需求是否相对应、是否具有科技服务基层经验、专业功底是否更加扎实、是否具有学术和行业优势。三是选派程序坚持"三荐三审三公示"。为把派驻点选准、特派员选好，严格规范选派流程。科技特派员采取个人自荐、派出单位推荐、驻点单位举荐"三荐"方式选派，派驻点采取乡镇党委初审、相关部门会审、县科特办评审"三审"方式遴选，并将预选派对象通过流程公示、项目公示、人选公示"三公示"的方式面向社会公布，接受社会监督，确保优中选优，取得实效。

（3）优化管理，有效激发活力。坚持在管理服务、考核激励、典型推介等方面做文章，着力营造良好的工作生活环境。一是贴心式服务。坚持每年对科技特派员进行走访慰问，座谈交流，重大节假日发送短信慰问，并将原有 7190 元/年的生活补助，率先提高至 10000 元/年。二是动态化考核。建立科技特派员动态管理台账和 QQ 交流群，推行"队长负责制"和"片长联络制"。运用季度讲评、半年督查、年度考核与项目实地验收"三考一验收"相结合的办法，对资金使用、项目进展、出勤情况进行跟踪量化打分，对表现较差的派驻点和特派员予以淘汰，对表现优秀的予以表彰。三是多渠道推介。在长沙县电视台、《星沙时报》等媒体推出"科技特派员风采"系列报道，编辑《科技特派员工作简报》和宣传图册，组织科技特派员到先进点进行现场观摩和交流。2016 年湘丰茶叶集团被评为全市科技特派员工作示范点，起到了良好的示范带动作用。

（4）灵活方式，力求取得实效。为让科技特派员充分发挥自身技术、信息等方面的优势，注意因人制宜、因地制宜，采取灵活多样的方式，引导特派员和派驻点深化合作，实现"双赢"，形成长效。一是突出"授人以渔"，培养乡土实用人才。科技特派员充分发挥"传、帮、带"作用，通过现场指导、临床指导、举办讲座和培训班等方式，手把手地传授技术，解决难题。近年来，全县科技特派员队伍培训农技人员、医务人员 2 万多人次，培育和造就了一大批乡土实用人才，推动了金井镇茶叶、白沙镇小水果等一批优势特色产业发展。二是突出"互利互惠"，结成利益共同体。鼓励科技特派员以技术入股、技术承包、有偿服务等多种形式与企业、大户建立经济利益共同体，实现由"单一服务"向"多元创业"转变。市派科技特派员袁德义教授以技术入股形式与田茂水果专业合作社开展合作，引进枣树、日本甜柿等品种 300 多种，派研究生、本科生 36人次到基地实习和指导，带动全镇农民发展小水果基地 2000 多亩。三是突出"项目带动"，推动科技成果转化。把科技特派员派驻点作为科技项目的"实验田"和"转化场"，探索专家团队服务模式，建立高校、科研院所产学研实习基地以及博士、硕士工作站，产生"派来一名，引来一批"的效应，使一批新品种、新技术在农村得到转化和应用推广。科技特派员彭英林带领他的技术团队，帮助天府生态农业有限公司开展罗代黑猪性能测定等方面的研究，成功通过了国家质检总局地理标志产品认证。近年来，全县共实施科技开发项目 217 项，引进农业新品种 300 多项，争取资金过亿元，引导了人才、资金、管理等生产要素向农村一线聚集，引领了现代农业产业发展。

五、保护环境，推进基本公共服务生态普惠

长沙县始终坚持经济和环境"双赢"的原则，一直把建设"两型"（资源节约型、环境友好型）社会作为转变经济发展方式、推进生态文明建设和绿色发展的重要着力点，在全省率先建立生态补偿机制、率先倡导两型生活方式，在全国率先建立县级"两型"建设指标体系、率先启动首个"零碳县"创建工作，蝉联中国十佳"两型"中小城市榜首，成功创建湖南省首个国家级生态县。同时，长沙县持续推进城乡环境综合整治，"三年造绿"行动、"两河"流域治理、禽畜养殖污染治理、美丽乡村创建取得明显成效，被评为国家卫生县城、国家园林县城，并获得"中国人居环境范例奖"，且多年获评全省新农村建设先进县。

（一）全面推进资源节约

长沙县坚持以降低资源消耗和提高资源利用效率为核心，大力推进节能、节地、节水、节材，建立健全节约资源的体制机制，通过政府引导、市场调节、公众参与，全面推进资源节约，近年来，单位国内生产总值能耗、建设用地、用水量都显著下降。一是能源利用的节约化和清洁化。加强重点用能领域、重点用能单位的管理，鼓励合同能源管理、推进分布式光伏发电等项目建设，建立健全能源集约节约利用奖惩机制。加快构建节能型产业体系，依法淘汰落后产能，重点推进工业节能，引导企业深入推进节能改造，严格实施固定资产投资项目节能评估与审查制度。深入推进建筑节能，加强建筑施工节能管理，推广节能型材料、产品，建立建筑能效标识制度。有效地提高交通运输节能水平，加快淘汰黄标车和老旧车辆。严格公共机构节能，严格落实"两型机关"制度，强化空调、照明等管理，控制能源消耗总量。引导农业和农村节能，推广利用高效节能型农业机械。大力推广太阳能、沼气等新能源和可再生能源的规模应用，在全省率先推进燃煤锅炉改清洁能源行动，荣获国家可再生能源建筑应用示范县，并启动全国首个"零碳县"创建工作。二是节约集约用地。长沙县坚持用1%的土地创造90%以上的财税收入，让99%的土地等生态资源得到有效保护。从规划设计、考核评价、项目审批、监督检查等方面建立健全节约集约用地政策体系。遵循严控增量、盘活存量、优化结构、提高效率的总要求，加强闲置土地的管理，制定闲置土地回购和转让政策，着力盘活存量建设用地。有序提高城镇建设用地开发、投资强度，建立健全新增项目土地利用强度标准，引导利用强度不够企业向园区标准化厂房等功能区集聚，推进低效土地二次开发。创新基础设施、公共服务设施、交通枢纽等用地综合开发利用模式。加强规划引导，优化建设用地内部结构，鼓励城区建设项目向地下要空间，最大限度地提高土地利用效率。三是节约水资源。以节水型社会建设为目标，严格实施项目建设"节水三同时"制度，大力推进生产与生活节水。积极推进以节水为重点的产业结构调整与技术改造，大力推进农业节水灌溉设备的应用，大力推广工业节水技术和工艺，鼓励城市中水等水资源循环利用与废水处理再利用。科学合理调度城市景观、绿地用水，所有园林绿化、公共站所项目，确保节水阀安装率达100%。加强机关、国有企事业单位用水管理，引导群众树立节约用水理念，加快推进"一户一表"工程建设，推广应用节水器具和产品。四是节约材料使用。鼓励引导企业进行设备与工艺更新，降低单位产品材料消耗。推行产品生态化设计，鼓励采用轻型材料、再生材料，加强木材、金属、水泥等材料的节约代用。推广节约材料的新型建筑结构体系和新型墙材。限制一次性用品的使用，建立再生资源回收利用网络，加快发展再生资源产业，发展循环经济，已成功申报全省循环经济试点示范县。

（二）大力提升城乡生态环境质量

习近平总书记指出，"生态环境是关系党的使命宗旨的重大政治问题，也是关系民生的重大社会问题"，"良好生态环境是最普惠的民生福祉，坚持生态惠民、生态利民、生态为民"，"要把解决突出生态环境问题作为民生优先领域"。近年来，通过不懈地生态建设和环境治理，长沙县的生态环境质量已经达到了国内先进水平。

（1）加强联防联控，坚决打赢蓝天保卫战。大气污染防治牵涉面广需要全县镇街和部门以及社会各界全员参加。为此，长沙县成立了环境问题整改领导小组办公室（环保局），牵头调度相关工作，下发了《长沙县落实大气污染防治工作责任规定》等二十多个文件，重点是理清大气污染防治工作职能、明确工作重点，按照"属地管理、分级负责"和"谁监管、谁负责""谁污染、谁负责"的原则，建立相关责任体系及问责制度。通过建立预警机制和联动措施，组织镇街和城管、规建、执法、农林、交警大队、重点工程等部门各司其职，对基建扬尘、工业企业废气、机动车尾气、燃煤及露天烧烤烟气、餐饮油烟、秸秆及垃圾焚烧等大气污染源进行全方位的整治。环保局成立专门班子"专人专管"，24小时监控"湖南省环境空气自动监测平台"，及时在"城区空气质量预警联动机制群"中发出预警，督促各镇街、部门及时响应联动、采取措施。对于各职能单位的履职尽责情况，"整改办"采取资料收集、实地查看等形式，并聘请第三方公司在全省首创无人机航拍发现问题交办的方式进行督查，工作日和假期都有值班巡查小组进行专项巡查。

（2）以确保饮水安全为重点，开展饮用水源保护专项治理。长沙县两河流域水环境是国家"长江经济带饮水安全"关注的区域，为确保人民群众饮水安全，长沙县行政执法局开展了流域水环境状况和污染现状调查，编制捞刀河流域水环境综合整治项目（捞刀河水体达标方案）；制定水质改善定期研究制度，前后十多次专题研究辖区内水体水质改善工作；开展重点行业专项整治，完成农副食品加工行业企业专项治理；切实加强饮用水水源保护，建立了由县政府分管领导亲自抓，县环保局统一调度，县行政执法局牵头，各职能单位协调联动、齐抓共管的工作体系。近年来，累计组织召开饮用水水源地专项整治调度会议20余次，建立了县、镇、村、组四级专项调度机制，对整改问题实施"核查销号"制度。长沙县行政执法局代政府拟定了四个县级水源地的环境应急预案；现场调度办公专题研究解决饮用水水源地排查整治中的重点难点问题；按照环保部《集中式饮用水水源地规范化建设环境保护技术要求》，聘请第三方公司全面开展长沙县县级 4 处集中式饮用水水源地规范化建设工作，在保护区范围内设立规范的宣传牌、区界标标志、交通警示牌、隔离栏等基础设施，目前安装施工已进入扫尾阶段，2017 年年底已全面完工。

（3）着手开展"净土"行动。2016 年，结合安全生产"飓风行动"和为期三个月的环保执法大练兵活动，在环保领域重点对存在危险废物、医疗废物以及带核辐射的企业进行环保执法检查。2016 年，共对全县 113 家"三涉"企业、危废产生和经营单位、存在粉尘爆燃隐患的企业、核辐射利用单位及要求完成应急预案编制工作的单位进行了检查，消除安全隐患 20 余件，妥善处置环境安全应急事件 30 余起，有效地防范了环保领域安全事故的发生。2017 年长沙县开始对县域（含经开区）范围内的工业、农业、生活面源土壤污染情况进行了现场踏勘、调查走访调查和记录，形成了《长沙县土壤污染源、污染地块调查报告》；对农用地土壤污染状况详查点位进行核实，初步确定农用地土壤污染状况详查点位重点行业企业 45 家，详查单元 61 个，详查点位 404 个；筛选 7 家土壤环境重点监管企业，完成了重点监控企业目标责任状签订工作；出台《2017 年长沙县土壤污染防治宣传工作方案》，按照宣传方案开展了土壤污染风险防控培训、播放土壤污染防治宣传视频及公益宣传广告、发放宣传资料等一系列宣传活动。

（4）集中开展静音行动。利用综合执法优势，调度环保执法、城管执法、交通路政等执法领域，在 5 ~ 6 月，集中开展"三考禁噪"行动，并在 11 月公务员考试期间，自学考试前一天开始逐一对考点附近 500 米范围内建筑工地及噪声敏感源进行排查，考试当天对考场进行巡查，为广大考生营造了一个良好的备考氛围。对于民众投诉较多的 KTV 噪声、夜间施工噪声问题，首次引入"第三方监测"机制，委托有资质的第三方监测公司，对噪声污染进行执法监测，根据检测结果对多家噪声超标的娱乐经营场所进行了行政处罚，有效地弥补了环境执法领域监测能力不足的问题，极大地提高了执法效率和效果。

（5）大力提升农村生态环保能力。实施农村环境综合整治，全面推广"分户收集、分类处理、村民自治、政府补贴、合作社运营"的农村环保自治模式，实现城乡垃圾处理全覆盖。试点推行有害垃圾集中回收和无害化处置工程，实施土地重金属污染修复治理，城镇生活垃圾无害化处理率稳定在100%。加快建设城市污水处理厂，确保每个乡镇有一座污水处理厂，推广散居农户污水净化技术，逐步实现城乡污水处理全覆盖，污水集中处理率达到98.1%。全面打响蓝天保卫战，县城空气优良率常年保持在93%以上。全面实施封山育林，禁止生态公益林商业性采伐，突出水源地、水源涵养区和生态湿地保护。重点治理工业企业污染和畜禽养殖大户污染，突破农村面源污染治理"瓶颈"，改善城乡环境质量。

（6）大力实施"两河"（浏阳河、捞刀河）流域综合治理、生态湿地建设等重大工程。重点实施捞刀河、浏阳河流域综合治理工程，科学划定畜禽禁止养殖区和限制养殖区，大力推广畜禽养殖零排放技术，积极推进"两河"流域禁养区生猪养殖退出和限养区生猪养殖减量，对生猪养殖退出给予适当的转产扶助。重点治理河流重金属污染、工业生活污水、垃圾污染和农业面源污染，逐步将流域内生态敏感区工业企业转移至工业园区。加强"两河"流域林地、湿地保护力度，扩大生态公益林规模，建设水源涵养林和水土保持林，恢复采石采矿废弃地植被，全面实施封山育林和森林提质改造，建设浏阳河、捞刀河风光带。已完成道路绿化280千米，建成生态河道240千米，生态湿地3处，完成山塘清淤5万亩。2017年，全县森林覆盖率达到49.6%，县城建成区绿化覆盖率达到40%，镇街饮用水源保护区水质达标率达100%，国家级生态乡镇实现全覆盖。

（三）不断完善生态环保体制机制

（1）率先建立生态补偿机制。按照"谁开发、谁保护，谁破坏、谁修复，谁受益、谁补偿，谁污染、谁治理"的原则，建立生态补偿机制。以政府为主导，加大财政对生态补偿的投入力度，以市场为补充，拓宽生态补偿市场化运作途径，通过财政预算安排、土地出让收入划拨（全县非公益项目土地出让金每亩计提6万元）、上级专项补助、接受社会捐助等多种渠道，设立生态补偿专项资金。停止审批并逐步有序地退出砖厂、石材厂、砂场、竹木加工、造纸、制革、冶炼、水泥等污染破坏环境的企业，对退出企业给予适当补偿。实施生态扶贫移民工程，组织生态脆弱、交通不便地区的居民移民集中居住，建立生态恢复区。通过生态补偿，使因保护生态环境、经济发展受到限制的区域得到经济补偿，增强其保护生态环境、发展社会公益事业的能力。

（2）率先建立农村环保设施长效机制。长沙县积极配合湖南省政府生态红线划定工作，对本县内生态红线划定进行了详细核对和多次会商，兼顾考虑县内生态环境保护底线及春华健康城、临空经济区等重点项目的规划发展，最终调整划定生态保护红线范围涉及 10 个镇街，总面积 2096.25 公顷；加强了对县域内五个"一区两园"单位的生态环境保护工作进行了统一监管，制订了环境保护方案；为巩固全县农村环境综合整治整县推进项目工作成效，保障农村集中式污水处理设施正常运行，制定了《长沙县农村集中式生活污水处理设施运行维护管理办法》，并同步制订《长沙县农村集中式污水处理设施运行维护管理资金补助方案》，实现了长效管理。

（3）建立双随机监管机制。2016 年 4 月建立"双随机"执法监管机制，将涉危废、重金属、医疗废物、核与辐射等 35 家单位重点排污单位，纳入重点污染源监管清单，将 438 家一、二、三类产业企业纳入一般污染源监管清单。每季度按照至少 25% 的比例对重点排污单位进行随机抽查，保证全年全覆盖。一般污染源监管单位按照 1∶10（监察人员数量∶被抽查单位数量）的比例，全年对至少 200 家单位进行随机抽查。2016 年度，35 家重点污染源单位已全部抽查到位，200 家一般污染源单位已全部抽查到位，并分批次对"双随机"数据库进行更新工作，按质按量地完成了每月、每季度的"双随机"抽查工作，对全县生态文明改革工作做出了一定贡献，加快推进了全县生态文明改革工作的进展。

（4）健全计划执法和网格化监管模式。在 2016 年环境执法检查工作中，紧紧围绕改善环境质量，以解决突出环境问题为中心，不断提高执法效能。统筹好了两种关系，一方面严惩主观故意的环境违法行为，另一方面强化服务企业、服务群众的责任意识，树立环境执法窗口形象；突出三个重点，解决燃煤大气污染防治、加强对涉水企业、涉重金属企业和水源地保护区的环境执法监管、解决一批影响突出的环境问题，消除辖区内环境隐患；落实四项模式，深入推进环境执法"规范化""精细化""痕迹化""网格化"建设，提高环保执法队伍工作效率。

（5）加大宣传教育，提升环境保护意识。不断提升领导干部环境保护"党政同责、一岗双责"意识；开展送法入企入镇活动，印发《环保法配套法规政策汇编》等宣传资料两万余册；组织全县重点企业及镇街村组干部开展土壤及环境风险防范等专题培训；利用地球日、世界环境日、安全生产月等开展环保宣传活动；以"守护蓝天和碧水，共建品质长沙县"为主题，组织开展了形式多样、内容丰富、声势浩大的环保文化节活动，掀起了环保宣传热潮；开展"绿色学校""环境教育基地"等创建活动，积极联络各级新闻媒体、环保公益组织进行全县环保工作进行宣传，在各类媒体发表正面宣传报道 100 余篇。

第三节　长沙县基本公共服务均等化 存在的问题、建议及展望

一、存在的主要问题：挑战与困难

改革开放四十年特别是中共十八大以来，在以习近平同志为核心的党中央的坚强领导下，长沙县奋发有为，在基本公共服务均等化领域取得了巨大的成就，但也仍然存在一系列发展不平衡、不充分的问题。

（一）居民收入水平仍需大力提高

长沙县的居民收入近年来增长迅速，但居民收入增长率还明显低于 GDP 增长率，人民生活水平与经济总量不匹配。2017 年，长沙县实现 GDP 同比增长 11.3%，但居民收入同比增长只有 8.9%。反观东部一些发达县，其居民收入的增速已经超过 GDP 增速。例如，2017 年义乌的城乡居民可支配收入增速分别为 8.7% 和 9.2%，均超过其 GDP 增速（7.5%）。同时，长沙县居民的可支配收入水平仍明显低于一些东部发达县。2017 年，长沙县居民可支配收入为 36977 元，同年昆山县居民可支配收入为 50268 元。

（二）城乡发展差距依然较大

一方面，长沙县城乡居民收入和支出差距仍然明显。2017 年，长沙城镇居民可支配收入为 43144 元，支出 31233 元；农村居民可支配收入为 29209 元，支出 17866 元。城镇居民可支配收入约为农村居民可支配收入的 1.5 倍；城镇居民支出约为农村居民支出的 1.7 倍。特别是，长沙县的乡村振兴还处于启动阶段，不少村子还存在产业不强、生活不富裕等突出问题。另一方面，长沙县教育、卫生、文体等公共服务供给仍存在比较明显的南北差距、城乡差距。例如，由长沙市教育督导委员会办公室、长沙市教育质量监测与评估中心发布的《2017年长沙市县域义务教育校际均衡监测报告》表明，在长沙市各县区中，长沙县的小学资源配置水平较高但校际均衡状况相对较低。

（三）城乡基础设施和基本公共服务品质亟待提升

长沙县的教育、卫生、文体等基本公共服务供给有待进一步提高质量。例如，就卫生而言，长沙县卫生计生资源总量呈现相对不足、服务能力与水平有限、结构与布局还不合理、服务体系碎片化等特点，卫生资源配置水平低于长沙市及全国平均水平，且质量也有待提升，明显滞后于县域社会经济发展与居民医疗卫生保健的需求，并制约着卫生计生事业以及健康服务业的发展。同时，还缺乏发挥引领、支撑与指导作用的县级中心医院，尚未全面构建起与社会经济发展水平相适宜的，以县级医疗机构为旗舰，乡镇卫生院和街道社区卫生服务中心为依托，村卫生室为网底的三级医疗卫生服务体系，不仅难以满足县域居民基本医疗与公共卫生服务，特别是推进"健康星沙"建设与居民健康促进的需求，以及"城乡一体化"发展的需要，且面临日趋严峻的健康挑战。又如，在教育方面，中小学生课外负担重、"择校热""大班额"等问题在长沙县仍然突出。同时，城市规划建设管理水平与经济发展层次还不匹配，城乡品质有待提升。主要问题包括城镇基础设施建设配套不完备，项目承载能力不强，小城镇建设对外引资能力和对外来人口的吸引力不强。

（四）政府职能转变还不够到位

长沙县在转变政府职能方面取得了许多进展，但仍然需要进一步改进。目前存在的主要问题包括：政务服务体系还不够完善；"互联网＋政务服务"的发展能力还不强；以民有为本、主动服务的理念还没有深入人心；窗口自身管理不严、规章制度执行不力、工作考核和监督通报等工作仍需加强；政务信息公开的形式和渠道还比较单一，公开的时效性、便民性需进一步提高，政务主动公开的力度仍需加大，对照"公开是常态、不公开是例外"要求，部分领域的政务公开还不够深入；政策解读有时不够及时、详细，部分单位对重大政策虽有解读，但还不够通俗易懂；数据融合发展有待加强，与相关部门在资源整合、机制联动、数据共享等方面需进一步探索和完善；个别人员素质不高、业务水平有待提高。总体来看，"放管服"改革的红利释放与企业、群众的期望值相比还有差距。

（五）生态普惠亟待进一步加强

一是部分干部、企事业单位、群众对生态文明建设的认识还不高、意识还不强。不少镇街和具有环保职责的部门未能充分履职，部门合力不强，监管不到位、配合不力、信息沟通不全面等现象时有发生；少数企业环保法制观念不强，重利益、轻环保，建设项目违法建设屡有发生；农村干部和群众对环境保护意识普遍比较淡薄，对环境污染的危害性缺乏足够认识；环保人员结构和人员素质也难以适应形势需要，尤其是镇街在环境监察、信息化建设、风险防范、事故应急等环保能力建设方面尤显不足。二是生态环境恶化的隐患依然存在。由于长沙县仍处于开发与修复相持的阶段，在转型发展过程中还有一些环境隐患。三是一些环境质量问题仍然突出。浏阳河流域水质受沿线镇街的工业和生活污水影响偶有劣五类水质现象，榔梨、黄兴四条港子虽位于取水口下游，但因湘江水位抬升，极易形成河水倒灌，从而影响水质。机车保有量的大量增加，机动车尾气治理、黄标车淘汰和限行进展不快，多种废气因子混合致使雾霾现象时有发生。农村环境综合整治属地负责的长效管理机制尚未建立健全，农业面源污染一时难以根治。市民垃圾分类意识不强，垃圾分类实施工作任务艰巨，难度大。四是环保设施运行效果不理想。主要问题包括：集镇生活污水处理厂管网设计不规范，布置不合理，覆盖不全面，新旧管网混用，经常有工业污水进入，影响处理效果；城镇排水和城区的雨污分流区域排水不规范；垃圾处理设施陈旧，垃圾产生量迅速增长凸显垃圾处理能力不足；有毒有害垃圾和危险废物处置渠道不健全。

二、提升长沙县基本公共服务均等化水平的建议

长沙县在经济发展方面取得了巨大的成就，当前正以"民生立县"战略大力推动基本公共服务均等化和人民共同富裕。为了进一步提升基本公共服务均等化水平，长沙县应着力做好以下几个方面的工作。

（一）继续推进经济高质量发展

一是加快实体经济的现代化转型。重点是加大新能源汽车研发力度，培育汽车及零部件产业战略增长点，推动整个产业转型升级；响应国家"一带一路"倡议，鼓励辖区企业特别是工程机械类龙头企业积极走出国门；加强电子信息产业核心技术研发，提升产业在全国乃至全球价值链中的位置；鼓励建筑业龙头企业积极参与"粤港澳大湾区"建设，与工程机械类企业组团"走出去"；加强品牌、营销渠道建设，促进现代农业快速、健康发展。二是加快推进现代服务业发展。抓住湖南省"开放崛起"战略机遇，加快推进临空经济示范区建设，加快发展松雅湖宜居新城高端商务服务业、中南汽车城汽车配套服务业、星沙城北新区生态商务与健康产业、黄兴现代市场群生活消费品物流业、星沙产业基地现代商业和房地产业。积极开展与省内外特别是长沙市高校和科研院所合作，加大对

技术研发和创新力度的支持，促进检验检测、研发测试、工程设计等生产性服务业发展。

（二）大力实施富北战略，缩小城乡差距

北部是长沙县的农村地区，是乡村振兴的主战场，是改善城乡差距、南北区域差距的关键所在。要大力推进产业发展和民生改善，因地制宜促进产业兴旺、生态宜居、乡风文明、治理有效、生活富裕。一是统筹推进县域北部基础设施建设。实施农村饮水安全工程，加快白石洞水库建设，建成金井水厂，改建白鹭湖水厂，巩固提升农村自来水普及率。提升北部电网供电能力，强力推进北山、高桥、卫青、春华等乡镇变电站的新建、扩建工程。大力支持北部乡镇之间公路的横线建设，加快实施北部道路联通工程，新建乡镇公交客运中转站；实施农村公路安保工程，完善北部交通电子警察设置。持续推进燃气下乡，4G 信号、光纤乡村全覆盖。二是通过农村综合性改革试点激活北部乡村经济活力。深化农村集体产权制度改革，落实"三权分置"办法，建立村集体资产管理制度，盘活闲置资源资产，加快农村宅基地和集体建设用地确权登记发证，支持村集体资产入股参与项目建设运营。鼓励市级以上龙头企业参与和带动村集体，兴办小型加工服务等企业，发展自主经营型集体经济。鼓励发展多种形式适度规模经营，加快培育新型农民和现代农业经营主体。大力发展村级合作经济组织，支持以村为单位组建土地合作社。全面消除集体经济空壳村，实现每个镇（街）培育 1～2 个集体经济强村。三是大力培育富北产业。深入推进农业供给侧结构性改革，坚持质量兴农、绿色兴农，推动农业从增产向提质转变。探索发展农业产业化联合体，推动农村第一、第二、第三产业深度融合，重点打造北部现代粮食、特色农业产业示范带、聚集区。培育强化县镇企三级创客平台功能，健全创客扶持政策。大力发展农村电商，畅通农产品上行渠道。深化供销社综合改革，健全社会化服务体系，提升为农服务能力。全力建设国家全域旅游示范区，大力发展度假村、特色民宿等生态经济，鼓励社会投资旅游产业。

（三）进一步加强民生事业发展

一是巩固和加强社会保障基础。主要措施包括：全力实施省市重点民生实事工程和"微建设·微民生"项目，把民生需求落到实处；着力促进就业，改善居民收入；稳步提高各项社保待遇，加快推进社保服务"一站式"办理；加强残疾康复服务；新建敬老院，适应老龄化新形势；建设社会救助信息平台，提升特困人员供养水平；密切关注和破解重点区域拆迁群众住房、教育、医疗和水、电、气等民生难题；坚决打赢房价保卫战；坚决打赢脱贫攻坚战。二是继续提升社会事业发展水平。主要措施包括：着力解决中小学生课外负担重、"择校热"、"大班额"等突出问题；逐步实施高中免费教育，加快城乡义务教育一体化步伐；稳步推进"医联体"建设，依托湖南省人民医院优势资源，全力建设长沙县人民医院，提前筹备学科、储备人才；继续新建不同层次文体活动中心，满足人们文体生活需求。

（四）深化服务型政府改革

一是继续深化"放管服"改革，持续推进简政放权。在深化金井扩权强镇试点和总结相关经验的基础上，赋予镇（街）、园区更多管理权限，提高行政绩效。进一步加强行政审批服务规范化和标准化建设，将行政帮（代）办服务平台延伸至镇村，让群众到政府办事少跑路。建立信息交换和共享平台，打破数据壁垒，打造智慧政府。强化商事登记制度改革的事中事后监管，打造网络市场监管与服务示范区。纵深推进行政执法改革，建设标准化行政执法分局和中队。二是进一步转变工作作风。严守政治纪律和政治规矩，坚决打击损害群众利益行为。加大对财政资金使用、项目执行跟踪、绩效评估、责任追究力度，逐步推进自然资源资产和生态环境保护审计。务实推进行政决策、执行、管理、服务和结果公开，掀起"村务公开栏革命"，营造公开阳光的政务服务环境。大力发扬"钉钉子""马上办"精神，确保重大决策、重点工作立说立行、速决速行。严格落实首问责任制、限时办结制和责任追究制，大力整治"慵懒散""中梗阻"，深化目标任务绩效考核，健全激励和容错纠错机制，以铁的意志推动工作部署落地见效。

（五）持续改善城乡生态环境质量

一是更全面地保护自然生态。推进环保体制改革，实施最严格的环境执法和网格化监管，支持环保公益活动。全面落实河长制，实施"一河一策"，加强流域综合治理。建立长效生态稳定运行机制，让城市建设与生态环境完美融合。全面推进县区供水、排水、污水处理一体化，着力整治黑臭水体。突出抓好大气污染防治，打好"改气、降尘、控车、治企、禁烧"组合拳，坚决打赢蓝天保卫战。二是全力优化人居环境。进一步完善城市功能，保护生态空间，改善景观风貌，提升治理能力，推动城市发展方式由外延扩张型向内涵集约型转变。全面推进节约集约用地，重视地下、桥下空间利用。大力推进公交都市和城市慢行系统建设，加强限于道路提质改造。实施文明创建示范街区建设，推进旧城改造，不断提升城市功能和品位。纵深推进"城管＋网格化"管理，创新社会治理模式。加快建设智慧城市示范工程和民生应用项目。三是大力推进全域美丽乡村建设，提升农村面貌和人居环境。统筹各方资源，整合条线资金，重点推进美丽乡村市级示范村创建。实施"厕所革命"，推进农村垃圾治理，推行生活垃圾分类减量，深化畜禽养殖废弃物资源化利用。加快建设大山冲国家级森林公园，加强乡村公园建设，彰显清新清静的田园风光。

三、展望

中共十九大指出，中国的发展已经进入新时代，习近平新时代中国特色社会主义思想所蕴含的一系列新理念、新战略、新目标为长沙县在新时代的经济发展提供了新的战略机遇。同时，长沙县越来越坚实的发展优势和充足的内源性动力，为长沙县抓抢新机遇创造了更优越的条件。长沙县持之以恒抓党建，培养了一大批"想干事、能干事"的优秀干部，营造了风清气正的政治生态。可以预期，长沙县的基本公共服务均等化水平在不久的将来会迈上一个新台阶。

到"十三五"末期，长沙县的各项社会事业发展水平将得到进一步提升。在教育均等化水平、名师名校建设、教育教学质量等方面，长沙县有望达到全国一流水平，实现教育现代化。构建涵盖医疗、卫生、药品、体育等在内的综合健康服务体系，满足人民多层次、多元化健康需求。建立以市场为导向的城乡一体化就业机制，更加完善的社会保障体系。基本建成覆盖城乡、便捷高效、保基本、促公平的现代公共文化体育服务体系。同时，城镇居民人均可支配收入和农村居民人均可支配收入分别达到 50000 元和 39000 元。

长沙县将进一步完善基础设施配套，积极融入长沙主城区，加快推进城北新区建设，强化改造更新老城区，提升城市发展空间和建设品质，打造长沙东部新城。加快推进集镇改造，统筹规划城乡各类基础设施建设，实现各类基础设施向农村延伸，形成城乡共建、城乡联网、城乡共享的基础设施网络。加快信息技术在城市发展各领域的深入应用，全面开展智慧城市创建工作，推动城市建设、管理和运行的智慧化和精细化，提升城市功能与品质。

加快推进海绵城市建设，修复城市水生态和涵养水资源，增强城市防涝能力，提高新型城镇化质量。积极构建"生态斑块—生态廊道—生态节点"的多层次、多功能、立体化、复合型的区域生态体系，维护区域生态安全。预计"十三五"期间长沙县的产业生态化合零碳城市建设工程将取得重大进展；单位 GDP 二氧化碳排放强度、能耗和规模工业万元增加值能耗分别累计下降27%、10%和 15%；单位 GDP 建设用地累计下降35%；森林覆盖率达到51%，城镇建成区绿化覆盖率达到40.5%。

当前，长沙县正处于全面深化改革的攻坚时期，也是长沙县率先建成全面小康社会、率先建成两型社会、率先基本实现现代化的决战时期。当2020 年上述目标实现时，长沙县将成为实力强、活力足、品质高、现代化的省会次中心，产业融合、产城融合、城乡融合发展的先行示范区，生活质量、环境质量和文明程度更高的幸福之城。

第三章　炎陵县：在扶贫脱贫中推进基本公共服务均等化

炎陵县立足县情实际，将经济发展与基本公共服务均等化发展相结合，打造现代化农业科技园区，创新性地推出"电商＋金融"发展模式，做到将生态旅游经济与扶贫相结合、创新创业与培育低水平劳动力再就业相结合，在基本公共服务均等化方面取得了一定成绩，特别在基础医疗、城乡就业、基础教育、公共设施、文化体育、社会保障等方面进行了富有成效的实践。炎陵县基本公共服务均等化的主要实践活动包括以下几个方面：①改善城乡公共卫生设施及布局，提高乡村公共卫生服务水平；②以"幼有所育、学有所教"为重点，从财力、物力、人力上向推进基本公共教育服务均等共享倾斜，取得了显著的成果；③城乡就业创业稳定提高，开展工作人员入门培训和"技能月"活动，劳动关系和谐稳定，就业扶贫扎实到位，积极参与企业帮扶；④按照新型城镇化要求，加强基础公共设施城乡统筹规划；⑤社会保障是关乎基本民生福祉和国家长治久安的重大制度安排，增加民生事业投入，农村养老设施更加完善，全面开展脱贫攻坚；⑥以设施全覆盖为基础、服务均等化为目标，加大公共文化建设投入，全面提升公共文化服务效能，公共文化设施网络全面覆盖、互联互通，公共文化服务的内容和手段更加丰富，服务质量显著提升。炎陵县着力促进基本公共服务均等化的实践途径有以下几点：①深化医疗卫生体制改革，提高公共医疗卫生服务共享水平；②加快提高就业服务水平，促进就业服务均等化发展；③加快城乡社会保障建设，提高社会保障服务均等化程度；④坚持城乡统筹，完善基础功能，提高基本公共设施均等化水平；⑤落实精细精准教育扶贫，优化教育资源配置，推进基础教育均等化；⑥保障资金和人员投入，开展多样化活动，实现文化体育服务均等化发展。总结炎陵县稳步推动基本公共服务均等化的经验与特点，可得到如下启示：①促进公平正义是加快基本公共服务均等化发展的宗旨；②建立和完善相关政策是促进基本公共服务均等化的重要保障；③建立人才激励和培训机制是保障基本公共服务均等化可持续的基础；④加强城乡信息化建设，是提高基本公共服务均等化的重要路径。

第一节　炎陵县社会经济发展概况

炎陵县隶属于湖南省株洲市，地处湘东南边陲、井冈山西麓，全县辖10个乡镇、120个行政村，2017年末，常住总人口20.42万，总面积2030平方千米，炎陵县拥有株洲市近1/5的土地面积和全市5%的人口。森林覆盖率高达83.55%，环境质量综合指数居湖南省第一，是休闲养生的福地。炎陵县坐拥国家级自然保护区、国家森林公园、国家AAAA级景区——神农谷，保存着华南地区面积最大的原始森林（10万亩），空气负氧离子含量达13万个/立方厘米，同时拥有湖南第一高峰——酃峰，海拔2115.2米，属于典型的生态大县。旅游资源主要有炎帝陵、神农谷、红军标语博物馆、湘山寺、洣泉书院、梨树洲风景区等。

炎陵特点可概括为"四老"：一是老祖宗安寝福地，中华民族始祖炎帝神农氏陵寝位于炎陵西北部鹿原陂。二是老人家革命圣地，毛泽东、朱德、彭德怀、陈毅等老一辈革命家在此开展了一系列首创性革命活动。三是老天爷生态宝地，全县森林覆盖率高达83.49%，拥有11.6万亩原始森林，空气负氧离子含量为亚洲之最，环境质量综合指数居湖南第一位。四是老百姓宜居乐地，炎陵是国家卫生县城、省级文明县城，新打造"三高一铁"交通优势，是老百姓宜居宜业宜游乐园。炎陵县致力于转型升级、改革创新、城乡统筹和民生改善，全县经济社会保持稳中有增的良好发展势头。

一、炎陵经济发展情况分析

（一）经济发展迅速，产业结构不断优化

紧紧围绕"奋力打造发展升级版"的总战略，紧扣"建设美丽幸福新炎陵"的总目标，坚持质量与速度并重，炎陵县综合经济实力显著增强。2017年与2012年相比，国内生产总值从2012年的42.51亿元增长到2017年的65.7亿元，年均实际增长 9.67%；从 2012～2017 年的增长速度看，呈下降趋势，随着经济新常态的到来，炎陵县进入调整结构，转型升级阶段。从三次产业看，第一产业增加值从 2012 年的 6.51 亿元增长到 2017 年的 9.2 亿元，年均名义增长 7.16%；第二产业增加值从 2012 年的 22.08 亿元增长到 2017 年的 26.8 亿元，年均名义增长 3.95%，其中工业增加值从 2012 年的 19.54 亿元增长到 2017 年的 22.7 亿元，年均名义增长 3.04%；第三产业增加值从 13.91 亿元增长到 29.7 亿元，年均名义增长 16.38%。人均国内生产总值从 2012 年的 21021 元提高到 2017 年的 32169元，年均名义增长 8.88%，炎陵县的人均 GDP 在整个株洲市的排名没有变化，仍是位居第四。从三次产业的增长看，第三产业增长速度超过第一、第二产业，成为带动经济发展的主要动力。

第一、第二产业比重下降，第三产业不断上升，三次产业结构持续优化。2012 年三次产业结构是 15.31∶51.94∶32.72，2017 年是 14.00∶40.79∶45.21，2017 年与 2012 年相比，第一产业下降 1.31 个百分点，第二产业下降 11.15 个百分点，第三产业上升 12.48 个百分点，工业占 GDP 的比重从 45.97% 下降到34.55%，下降 11.43 个百分点，炎陵县的经济从以工业为主发展成以服务业为主。

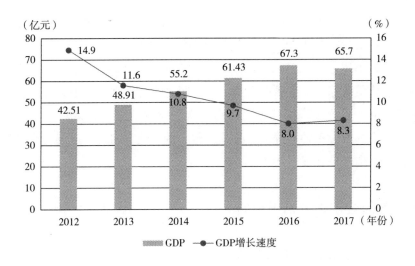

图 3-1 2012～2017 年炎陵县经济发展情况

（二）粮食播种面积、产量双双下降

从种植面积看，2012年炎陵县粮食播种面积是1.542万公顷；2017年，粮食播种面积1.41万公顷。与2012年相比，2017年粮食种植面积下降了0.132万公顷。

从产量看，2012年粮食产量合计9.31万吨；2017年粮食总产量8.6万吨，粮食产量下降0.61万吨。从单位产量看，2017年高于2012年。

（三）工业收入、利润均有所提高，固定资产投资增长迅速，利用外资迅速增长

新型化工业快速发展，2017年规模工业企业104家，基本形成小水电、纺织、新材料、化工、农产品加工等产业集群。规模工业增加值占全部工业增加值的比重达82.9%。分轻重工业看，与2016年相比，轻工业增加值增长10.7%，重工业增加值增长5.6%。工业拉动GDP增长3.0个百分点，对经济增长的贡献率为36.2%。

2012年规模工业企业实现主营业务收入56.40亿元，实现利润总额2.06亿元；2017年分别是65.3亿元和2.6亿元，年均名义增长率分别是2.97%和4.77%。规模工业增长速度较低，工业占GDP的比重有所降低。

2017年炎陵县固定资产投资114.2亿元，比2016年增长10.1%。国有投资31.9亿元，下降7.2%；非国有投资82.4亿元，增长18.6%。第一产业完成固定资产投资25.7亿元，增长143.0%，第二、第三产业分别完成固定资产投资39.4亿元、49.1亿元，分别下降9.7%、0.9%。高新技术产业投资3.98亿元，下降27.7%；民生工程投资4.9亿元，下降12.5%；基础设施投资33.7亿元，增长8.2%。与以往年度相比，第二、第三产业投资比重下降，农业、基础设施投资提高，说明炎陵县注重生态环境建设，符合中共十八大提出的生态文明建设方战略，以及中共十九大提出的"加快生态文明体制改革，建设美丽中国"。

2012~2017年，固定资产投资绝对数增长迅速，实际增长率呈下降态势。2012年的固定资产只有58.35亿元，2017年达到114.2亿元。与2012年相比，2017年年均实际增长22.69%，远远高于GDP增长速度。2013年固定资产投资实际增长率高达39.3%，随着经济进入新常态，炎陵县的投资进入平稳状态。

炎陵县固定资产投资增长较快，但是国有投资比重也呈上升趋势，国有投资占全部投资的比重，2012年是17.34%，2017年是29.93%，上升了12.59个百分点。国有投资比重的提高一方面有利于政府投资与民生、环境相关的工程，改

善环境，吸引更多的投资；另一方面应注意国有投资的投资效益，避免不必要的损失。

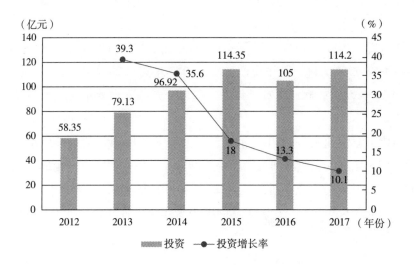

图 3 - 2　2012～2017 年炎陵县固定资产投资情况

随着环境的改善，国内投资在炎陵县有了较大幅度的提高，2017 年实际利用国内投资是 20.68 亿元，2015 年是 15.4 亿元，提高了 5.28 亿元，年均实际增长 13.86%。同样，近年来吸引外商投资有了较大幅度的提高，实际利用外商投资 2017 年达到 2727.15 万美元，2015 年是 2154 万美元，提高了 573.15 万美元，年均实际增长 12.93%。内外资的利用将有效地改善炎陵县投资结构，促进炎陵县经济的增长，提高炎陵县在国内外的知名度，进一步促进炎陵的发展。

（四）国内贸易和旅游均有不同程度的提高

社会消费品零售总额的提高在一定程度上反映了居民收入是否提高。2012 年社会消费品零售总额是 12.41 亿元，2017 年达到 22.5 亿元，年均实际增长 12.99%，说明居民收入水平有较大程度的提高。

炎陵县旅游资源丰富，旅游收入近年增长迅速，2017 年达到 47.1 亿元，是 2012 年的 2.93 倍，旅游业逐渐成为炎陵的支柱产业。充分利用炎陵的"四老"，加强红色旅游和生态旅游宣传，炎陵的旅游收入将会上一个新的台阶。

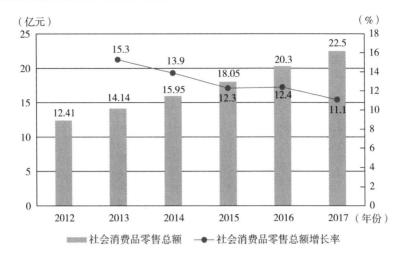

图 3-3 2012～2017 年炎陵县社会消费品零售总额情况

（五）财政收入、支出均有大幅度提高

2017 年炎陵县公共财政预算收入 10.7 亿元，比 2016 年增长 8.3%。财政支出 20.1 亿元，下降 1.3%。公共财政预算支出 19.5 亿元，增长 3.5%。其中，教育、文化体育与传媒、医疗卫生与计划生育支出分别增长 7.7%、3.5%、13.4%。

2012 年，炎陵县公共财政预算收入只有 6.05 亿元。2017 年与 2012 年相比，年均实际增长 15.77%。2012 年财政支出是 10.38 亿元，2017 年是 2012 年的 1.88 倍。

二、炎陵县社会发展分析

（一）城乡居民收入增长迅速，收入差距缩小

2017 年末全县常住人口 20.42 万人，城市化率达到 45.74%，比 2012 年提高 3.88 个百分点。

2017 年与 2012 年相比，2017 年炎陵县城镇居民人均可支配收入 26535 元，2012 年是 18652 元，年均名义增长率是 7.30%；2017 年农村居民人均可支配收入 8116 元，2012 年只有 3608 元，年均名义增长率是 17.60%。

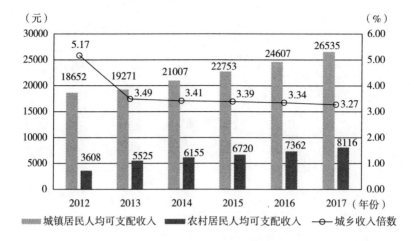

图 3 - 4　2012~2017 年炎陵县居民收入情况

城乡收入差距缩小，2012 年城镇居民人均可支配收入是农村居民人均可支配收入的 5.17 倍，2017 年缩小到了 3.27 倍，说明炎陵县致力于改善农村居民收入，并取得了较大成效。城乡收入差距的缩小有利于社会稳定，建设和谐社会与美丽乡村，建设美丽新中国。

从图 3-5 的情况看，炎陵县人均 GDP 远远高于居民收入。2012 年人均 GDP 是城镇居民人均可支配收入的 1.13 倍，是农村居民人均可支配收入的 5.83 倍，2017 年这两个数据分别是 1.21 倍和 3.96 倍，说明农村居民人均可支配收入实际增长速度高于人均 GDP 增长速度，城镇居民人均可支配收入实际增长速度低于人均 GDP 增长速度，提高居民收入是炎陵县的重要任务之一。

随着居民收入的迅速增长，居住条件得到不断改善。2015 年人均住房使用面积是 56.98 平方米，2017 年是 61.24 平方米，两年增加了 4.26 平方米，炎陵县在改善民生方面取得了较好的效果。

（二）科教文卫均有所发展

2017 年炎陵县拥有各级各类教育机构 80 个，比 2015 年增加 6 个；其中公办教育机构 44 个，比 2015 年增加 1 个；民办教育机构 36 个，比 2015 年增加 5 个。全县有专任教师 1607 人，比 2015 年增加 40 人；在校学生 26237 人，全年共发放国家奖学金、助学金 1305 万元，资助贫困学生 1307 人。

2017 年炎陵县实现高新技术产业总产值 11.1 亿元，增长 8.3%；实现高新技术产业增加值 2.1 亿元，增长 13.7%。承担国家各类科技计划项目 1 项。科技机构 1 家。签订技术合同 2 项。专利申请 82 件，比 2016 年增长 20.6%。授权专利 75 件，比 2015 年增加 19 件，其中发明专利授权 15 件，比 2015 年增加 14 件。

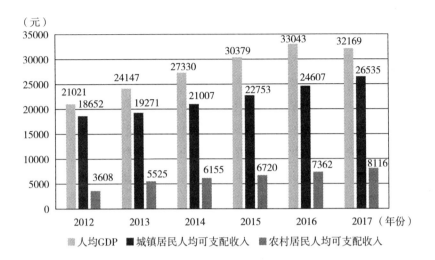

图 3-5　2012~2017 年炎陵县按人均 GDP 和居民收入情况

2017 年炎陵县拥有艺术表演团体 1 个，群众艺术馆、文化馆 1 个，公共图书馆 2 个，比 2015 年增加了 1 个；博物馆、纪念馆 2 个，电视台 1 座。有线电视用户 1.96 万人，比 2015 年增加 0.41 万人。年末广播综合人口覆盖率 100%，年末电视综合人口覆盖率达 100%，比 2015 年提高了 2.7 个百分点。

2017 年炎陵县拥有体育场地 326 个，比 2015 年增加 7 个，体育馆 1 座，经常参加体育锻炼人数 4.5 万人。开展全民健身项目 12 项次。新建农民体育健身工程的行政村 59 个，比 2015 年增加 38 个。

2017 年炎陵县拥有卫生机构（包括村卫生室）187 个，比 2012 年增加 14 个。其中，医院、卫生院 19 个，妇幼保健院（所、站）1 个，专科疾病防治院（所、站）2 个。医院和卫生院拥有床位总数 838 张，比 2012 年增加 221 张。卫生技术人员 1033 人，比 2012 年增加 287 人；其中，执业医师和执业助理医师 478 人，比 2012 年增加 186 人；注册护士 403 人，比 2012 年增加 138 人。

从炎陵县的科教文卫情况看，科技基础比较薄弱，具有较大提高空间，加强与高校、科研院所的合作与交流，提高炎陵县的科技实力，大力发展高新技术产业，吸引具有科技能力的企业来炎陵安家落户，带动当地企业的发展，不仅能促进经济发展，也能促进科技进步。经济发展才能有更多的能力投资科教文卫，促进科教文卫的发展。

（三）社会保障有所提高

城镇职工基本养老保险和城乡居民基本养老保险制度进一步完善，2017 年炎陵县参加城乡居民基本养老保险职工人数 9.68 万人；城镇职工养老保险参保人数（企业＋机关事业）人数 1.91 万人，其中职工人数 1.23 万人，离退休人员 0.68 万人，与 2016 年相比增长 7.9%。城市低保对象人均补助 420 元/月，比 2016 年增加 137.8 元；农村低保对象人均补助 280 元/月，比 2016 年增加 167.5 元。发放城镇居民最低生活保障经费 651 万元，发放农村居民最低生活保障经费 1025 万元。

2017 年参加城乡居民基本医疗保险的人数 16.65 万人，占总人口的 86.27%；参加城镇职工基本医疗保险人数 1.28 万人，其中职工人数 0.74 万人，离退休人员 0.54 万人。参加工伤保险人数 1.56 万人；参加生育保险人数 0.74 万人；参加失业保险人数 1.3 万人。

2017 年末各类收养性社会福利单位床位数 1260 张，比 2015 年增加 635 张；收养各类人员 545 人。解决农村 0.95 万人的饮水安全问题。开工棚户区改造 237 户。支持农村危房改造户数 1046 户。

大力推进脱贫攻坚，脱贫攻坚取得了一定效果。2017 年，炎陵县新增农村劳动力转移就业 1406 人；完成脱贫 2913 户，9163 人。

（四）环境设施有所提高，环境进一步改善

2017 年炎陵县设立城市污水处理率达 91.1%，比 2015 年的 82.0% 提高 9.1 个百分点。2017 年实有封山育林面积 0.86 万公顷，比 2015 年的 0.7634 万公顷提高 966 公顷。森林覆盖率达 83.49%，比 2015 年提高 1.41 个百分点。

第二节　炎陵县基本公共服务均等化实施情况

自国务院根据"十二五"规划纲要制定并颁布了《国家基本公共服务体系

"十二五"规划》以来，株洲市政府相继颁布了一系列关于医疗改革①、就业服务②、社会保障③、贫困救助④等政策，以促进基本公共服务均等化发展。炎陵县立足县情实际，将经济发展与基本公共服务均等化发展相结合，打造现代化农业科技园区，竭力塑造品牌农业，创新性地推出"电商＋金融"发展模式，做到将生态旅游经济与扶贫相结合、创新创业与培育低水平劳动力再就业相结合，同时充分利用和整合资源优势，不断发掘中医药资源，着力推动先进医疗资源共享，在基本公共服务均等化方面取得了一定成绩。作为县级政府的典型代表，通过对该县基本公共服务均等化的调研分析，总结实践经验，发现存在的问题与不足，不仅对于加快推动株洲市基本公共服务均等化发展有重要意义，同时对于各县级政府相互学习借鉴以及反思在推动基本公共服务均等化过程中所存在的不足，具有重要的参考价值。本次调研活动主要包括炎陵县在基础医疗、城乡就业、基础教育、公共设施、文化体育、社会保障等方面提供基本公共服务均等化的实施情况。

一、基础医疗服务均等化的实施情况

炎陵县作为一个拥有较小人口密度的生态大县，高度重视公共医疗卫生服务工作进展，加快推进公共卫生基础设施建设，不断完善城乡公共医疗服务制度，创新利用资源优势，不断发掘中医资源，竭力改善贫困乡村医疗条件，丰富城乡医疗资源配置，不断提高基本医疗服务质量，促进基层医疗服务均等化发展。

（一）城乡公共卫生基础设施建设水平都有提高

目前，全县有各级各类医疗卫生机构188个，其中二级甲等医院2个（县人民医院和县中医院），其他县级医疗卫生机构4个，建制卫生院10个，非建制卫生院6个，村卫生室147个，民营医院1个，各医疗机构下属门诊部2个，医务室6个，个体私营门诊及诊所10个；卫计工作人员1031人，实际开放床位总数838张。

---

① 《株洲市医药卫生体制改革五年规划暨实施方案》。
② 《株洲市被征地农民就业培训和社会保障工作方案》。
③ 《株洲市城镇基本医疗保险和生育保险市级统筹实施方案》。
④ 《株洲市人民政府关于推进罗霄山株洲片区区域发展与扶贫攻坚的实施意见》。

（二）乡村基本公共卫生服务更加深入

截至 2017 年底，炎陵县已经完成 10 个乡镇 20 个村的居民疾病谱调查工作，全县常住人口 204200 人，累计建档 181973 份，建档率 89.12%。疾病预防控制得力，全县全年无甲类及其他重大传染病报告，未发生乙类传染病重大疫情。加强了全市麻风病患者的监测与随访，顺利通过省级"消除麻风病危害"中期评估。完成重性精神疾病救助 67 人，完成率达 95.7%；同时完成农村适龄妇女"两癌"免费检查 4613 人，完成率达 102.5%。

（三）卫生项目建设布局更加全面

目前，炎陵县中医院整体搬迁建设项目和炎陵县妇幼保健计划生育服务中心整体搬迁建设项目现在已完成主体建设，正在开展内、外墙装饰工程。炎陵县疾病预防控制中心业务用房改扩建项目正在进行基础建设，已完成 9 个建制乡镇卫生院标准化建设，80 个建制村村卫生室合格化建设（其中含 54 个贫困村卫生室）。

二、基本公共教育均等化的实施情况

国家通过完善基本公共教育制度，加快义务教育均衡发展，保障所有适龄儿童、青少年平等接受教育来不断提高国民基本文化素质。炎陵县教育局高度重视教育共享工作，围绕县委全会暨经济工作会议精神，以"幼有所育、学有所教"为重点，从财力、物力、人力上向推进基本公共教育服务均等共享倾斜，取得了显著的成果。

截至 2017 年底，炎陵县有各级各类教育机构 80 个，其中公办教育机构 44 个，民办教育机构 36 个。全县在校学生 26237 人，比 2016 年增长 0.8%。其中普通中小学生 20261 人，增长 2.2%；中等职业学校 451 人，下降 1.5%；幼儿园 5525 人，下降 4.0%。全县专任教师 1607 人。全年共发放国家奖学金、助学金 1305 万元，资助贫困学生 1307 人。

2017 年，炎陵县"中小学学科教研基地社区"被中央电教馆评为"优秀精品专题教育社区"，先后荣获湖南省生源地信用助学贷款优秀单位、株洲市高中学业水平考试先进县市、株洲市初中信息技术教师综合素养大赛团体二等奖和优秀组织奖等荣誉称号，教育扶贫工作在全省教育扶贫攻坚现场推进会上作典型发言。

（一）教育扶贫工作成绩斐然

1. 精准识别"一个不少"

开展"千名教师扶贫大走访"，定期进行在校学生信息清查摸底、数据比对，查清适龄儿童特别是建档立卡贫困学生底数及其入学情况。2017 年春季，全县学前至大学各学段共有建档立卡贫困学生 3027 人；2017 年秋季，已识别各学段建档立卡贫困学生 3442 人。

2. 控辍保学"一个不失"

通过落实控辍保学双线责任、实施"三帮一"劝返机制、建立弱势家庭学生控辍机制等，将留守儿童和"三类"残疾学生作为关爱、控辍重点，采取随班就读、送教上门方式保障残疾儿童接受教育。目前，全县幼儿三年毛入园率 88.17%，义务教育入学率 100%，巩固率 99.2%，"三类"残疾儿童入学率 98.7%，高中阶段毛入学率 97.17%，建档立卡贫困学生辍学率为 0。

3. 精准资助"一个不漏"

精准落实资助政策和四项免费政策，大力争取社会资助。2017 年共落实政策性资助 835.89 万元，覆盖家庭经济困难学生 11926 人次，建档立卡贫困学生实现全覆盖；争取社会资助 376.42 万元惠及贫困学生 2256 人次，家庭经济困难学生应助尽助；落实免除城乡义务教育学生学杂费、免除城乡义务教育学生教材费、免除农村中职学生学杂费、免除普通高中建档立卡学生学杂费四项免费政策资金 1509.4 万元。

4. 条件改善"一所不差"

2017 年，教育投入持续加大，全年完成中央投资项目、薄弱学校改造等项目 38 个，完成投资 2878.19 万元，新建、改造校舍 18518 平方米，芙蓉学校项目已纳入 2018 年湖南省贫困地区中小学校建设计划。其中，改造学生宿舍 3357 平方米，改造学生食堂 1431 平方米，硬件设施得到优化；共招聘录用教师 68 名，申报免费师范生定向委培 58 名，实施国培、省培师资培训 1071 名，师资水平得到提升。

（二）消除大班额效果显著

2017 年，全县义务教育阶段 439 个班，其中大班额 30 个，占 6.83%；2018 年义务教育阶段 451 个班，其中大班额 22 个，占 4.88%。

1. 积极扩充学位

2017 年 8 月完成明德小学 2 号教学楼建设，新增学位 720 个。

2. 加大调控力度

2017 年 6 月出台了《入学指南》，采取分步登记和派位入学方式，统筹城区及其周边学位调控。

3. 制订大班额消除计划

制订了 2017～2020 年大班额消除计划，明确了时间表、任务书。

4. 开展城区学校布局调整调研

在教育部门 4 次调研的基础上，县人大常委会组织相关职能部门开展了城区学校布局调整规划调研。

（三）城乡教育质量普遍显著提高

1. 坚持课堂教学改革

开展了第三期实效课堂达标创优活动，568 名教师展示了达标创优课，663 位教师参与了"一师一优课、一课一名师"活动。

2. 落实全面的教育质量观

实施初中毕业生综合素质评价；将音、体、美、信息和科学等"小科目"质量抽测结果纳入学校办学水平评价；积极参与全市"教育质量健康体检"项目监测并用好"评估报告"指导教育质量提升。2017 年，炎陵县高考二本以上上线人数连续三年突破 200 人并实现逐年递增，高中学考一次性合格率位居全市第一，被评为株洲市优秀县（市、区）。

三、基本劳动就业均等化的实施情况

2017 年，炎陵县新增城镇就业人员 1400 人，失业人员再就业 400 人，就业困难对象再就业 100 人，新增农村劳动力转移就业 1406 人，新增贫困劳动力转移就业 696 人，零就业家庭动态就业援助 100%，城镇登记失业率控制在 4.5%以内。

（一）城乡就业创业稳定增长

1. 就业援助精准到位

认真落实积极的就业政策，开展了"春风行动"、就业援助月等公共就业服务活动，举办招聘会 51 场，提供就业岗位 2000 多个，为企业招聘员工 1600 余人，其中为湖南国声公司在县内外开展专场招聘 32 场，招聘员工 400 余人。

2. 职业培训更加有效

举办贫困地区劳动力素质提升培训、农村劳动力培训、"两后生"技能培训、农村实用技术培训等职业培训 27 期，1601 人参加，让贫困劳动力能掌握致富技能，实现稳定就业。

3. 创新创业活力增强

开展创业培训 10 期，392 人参加。为 234 名创业者发放创业担保贷款 2255 万元，带动就业 512 人。扶持大中专毕业生 12 名进行微创业。炎陵县新增创业主体 1279 户，带动就业 2079 人，其中带动城镇就业 985 人。

（二）加强人才管理

人才工作力度不断加大。积极开展创业培训、实体经济人才培养工作，组织 6 人参加全省为贫困地区搭建科技平台培训班。举办初任公务员及新聘事业单位工作人员入门培训班，培训 37 人。积极开展"技能月"活动，选送 6 人参加市职业技能电视大赛。开展优质人事管理服务。办理工资变动、抚恤金、遗属困难补助金、退休审批等业务 1.5 万余人次。认真落实部门职责，做好了县以下公务员职务与职级并行、民发〔2011〕192 号文件实施等相关工作。组织开展人力资源社会保障法律法规宣传月活动，清理规范公共服务事项，切实做到减证便民、服务便民。做好流动人员人事档案基本公共服务工作，编印告知书和免收机要邮寄费，让服务对象减负担、更方便。

（三）劳动关系和谐稳定

1. 通过强化执法维护农民工权益

开展农民工工资支付情况专项检查行动，认真落实农民工工资保障金、农民工工资监管工作会议等制度，确保农民工工资按时足额支付到位，共处理拖欠工资案件 28 起，其中移交公安机关处理的涉嫌恶意欠薪案件 2 起。为 896 人追回工资待遇 700 余万元，13 个单位缴纳建筑领域农民工工资保证金 77.9 万元。开展劳动保障书面审查和日常巡查、清理整顿人力资源市场秩序专项行动，检查企业 70 余家。

2. 通过化解纠纷来协调关系

推进企业工资集体协商，建制数占建会企业的 96%。强化联动调解和庭前调解，发挥好基层调解组织作用，受理劳动仲裁案件 6 起，结案 6 起，案外调处 17 起。为劳动者落实合法待遇 42.5 万元。

3. 依法依规确认工伤

受理工伤案件 76 起，认定 75 起，协助完成劳动能力鉴定 58 起。

（四）就业扶贫扎实到位

人力资源和社会保障局牵头制定《炎陵县促进贫困劳动力转移就业脱贫一批行动方案》《炎陵县 2017 年就业扶贫工作实施方案》等系列文件，建立健全就业扶贫"五大台账""三大清单"，切实做好针对贫困劳动力的技能培训、就业援助、创业扶持、劳务协作等工作，优先保证、优先安排、优先拨付就业扶贫资金，认真落实公益性岗位补助、跨区域就业交通补助、社保补贴和岗位补贴、爱心企业等优惠政策，实现为贫困劳动力提供转移就业服务覆盖率 100%、有培训需求意愿的贫困人口参加就业扶贫技能培训覆盖率 100%、公益性岗位扶贫村覆盖率 100%。全县累计转移就业贫困劳动力 6232 人，占农村贫困劳动力总数的55.7%，其中 2017 年新增转移就业 696 人，占年任务的 110%；累计拨付就业扶贫资金 1452.54 万元，其中 2017 年拨付 554.63 万元。

积极参与企业帮扶。加强与企业对接了解企业需求，人力资源和社会保障局领导带队走访园区，面对面宣传用工政策；深入各乡镇举办招聘会解决企业用工难。认真办理企业问题交办单，24 小时内与企业取得见面联系，见面率达100%。继续开展实体经济人才培养、职业技能培训、为企业发展提供人才保障。

四、基本公共设施均等化的实施情况

（一）加强城乡规划编制

按照新型城镇化要求，完成了第六次总体规划修改，确定炎陵县发展定位是以炎帝文化为特征的生态旅游强县，区域定位是罗霄山脉湘赣边界旅游中心，城市定位是山水园林旅游城市。基于"看长远、早着手，高起点、高标准"的要求，坚持规划先行，突出规划引领，完成了东城新区、工业园区、火车站片区、草坪河片区、县城总体风貌等重大项目的控制性或修建性详细规划。成立了株洲市规划设计院炎陵分院，启动了"多规合一"试点工作，正在编制县城控制性详细规划。突出专项规划，编制了排水防涝、供水专项规划，启动了城镇燃气、县域旅游产业发展、基础设施和县城地下管网等专项规划编制。全面加强村镇规划，2015 年完成了所有乡镇的总体规划和村镇布局规划，完成了三河镇、水口镇镇区控制性详细规划，完成了 42 个中心村、18 个行政村和 86 个基层村的村庄规划，包括县城总体规划和乡镇规划覆盖的村庄，全县村庄规划基本实现全覆盖。根据全县乡镇区划调整，开展了新一轮乡镇总规划和合并建制村村庄规划修订，完成了4个合并乡镇的总体规划和17个村庄规划编制。

（二）城镇框架结构基本形成

全县城镇建设以县城为中心，沿县城—沔渡—十都、县城—水口—中村、县城—鹿原——船形三条轴线点，带动其他城镇发展，逐步形成以县城为中心，以炎帝陵风景区、神农谷度假区为支撑，以中心镇为延伸的"一心两区多点"的新型城镇化发展格局。县城按照"南拓北提、东延西展"发展战略，以道路建设为突破，以产业发展为依托，大力促进城镇扩容增量，县城功能布局不断优化。"南拓"延伸了解放路、坎坪路，改造建设了神农大道南延伸段，完成了草坪河片区道路及配套设施建设，拉通了康乐大道，开发了山水星城、华苑商贸广场和天杰商业广场等，着力打造商住休闲区；"北提"拉通了北环路，改造了北门垅环路，开发建设了北辰景溪，进一步促进了老旧城区提质改造，着力打造行政服务区；"东延"建成了火车站站前广场及附属设施，新建了创业大道、聚福路、迎宾路，拉通了炎陵大道东段，启动了井冈东路提质改造工程，着力打造交通枢纽区；"西展"完成了县城至园区106国道提质改造，建成了西九龙大道和九龙商贸街，突破了制约县城扩容增量的"瓶颈"，着力打造商贸工业区。

（三）县城基础设施日趋完善

近年来，炎陵县抢抓机遇，坚持民生优先，大力实施"民生100"工程和"两供两治"设施及市政工程，加快城乡基础设施建设步伐。

（1）供水方面。完成了县城供水扩建工程，正在推进城市给排水管网及配套设施建设，县城日供水能力达2万立方米，供水面积达8平方千米，供水覆盖率达99%，日均供水量1.3万立方米，水质检测能力达42项，水质综合合格率100%。

（2）供气方面。启动了颜家村加油加气站和天然气加气站建设，县城天然气供气站年供气能力达1752万立方米，城区天然气主管网14千米，支管网35千米，燃气管网覆盖达7000余户，现有居民用户3600户。

（3）污水治理方面。建成县城污水处理厂，敷设污水收集主干管17千米，县城日处理污水能力可达1万吨，县城排水管道长91千米，委托长沙南方宇航环保有限公司运营维护五年，污水处理率达91.37%。

（4）垃圾治理方面。建成县城垃圾处理场总库容量达 90 万立方米，日处理生活垃圾达 100 吨，道路清扫保洁面积 102 万平方米，县城生活垃圾无害化处理率达 100%。

（5）市政设施方面。大力实施城区道路提质改造，实现"城区主次干道全部油化，背街小巷基本硬化"，道路硬化率达 95%，人行道面积 10.02 万平方米，新建和改造城区公厕 11 座、垃圾中转站 10 座，安装小街小巷和"美丽乡村"试点村太阳能路灯 390 座，城市配套设施能够较好地满足县城发展需要。

（四）城乡环境改善加大力度

将"城镇扩容提质战役"向乡镇、村庄延伸，全面实施农村清洁工程，在所有建制镇率先初步建成了集中式人工湿地污水处理厂，新增城镇生活污水处理能力 0.24 万吨/日。积极开展美丽乡村示范村建设，村庄环境和面貌焕然一新，霞阳镇星光村、水口镇水西村成为"全国城乡统筹建设示范村"，山垅村被列为全国"美丽乡村"创建试点乡村。全力推进城市棚户区改造实施三年行动，完成修缮加固城市棚户区住宅 1615 户，建筑面积 13.1 万平方米；大力实施农村危旧房改造工程，2013～2017 年完成农村危房改造 7639 户，全面完成农村危旧土坯房集中整治工程，共投入资金 4457 万元，完成 7581 户农村土坯房集中整治；另投入资金 5986 万元，按照"一户一宅"政策，对 3991 户闲置、废弃、空心破败的农村土坯房，采取拆除方式进行整治，城乡外部环境明显改善。注重村庄特色，努力抓好文化名镇和特色村镇建设，霞阳镇、沔渡镇、水口镇列入全市推进新型城镇化试点示范镇，中村乡成功申报"全省历史文化名乡"，龙渣乡龙渣村被授予"湖南省少数民族特色村寨"。

五、社会保障服务均等化的实施情况

社会保障是关乎基本民生福祉和国家长治久安的重大制度安排，也是公众关注度最高、反映最敏感、聚焦最持久的重要民生领域，社会保障也是共享经济社会发展成果的基本途径与制度保证。近年来，炎陵县将保障和改善民生工作放在重心，不断强化社会保障体系建设，社会保障这张安全网越织越大。

（一）社会保障网络构建更加改善

切实增加民生事业投入，2017 年财政用于社会民生的投入达 15.09 亿元，占一般公共预算支出的比重达 77.36%。社会保障日益健全，初步建成了覆盖城乡居民的养老、医疗保障体系，社会保险的覆盖面逐步扩大。企业养老保险新增参保 700 人，八项社会保险累计征缴基金 4.2 亿元。同时大力实施低收入农户增收、农村危旧房改造和城镇安居工程廉租住房建设，使困难群体住有所居。深入推进平安炎陵建设，让群众享受到了更多的基本公共服务。

（二）农村养老服务基础设施建设日益完善

已建成农村幸福院 63 个，新增床位 275 个，2014 年以来创建农村养老服务示范点 20 个，新增床位数 81 个，为下一步做好农村养老服务工作奠定了基础。全县机构养老床位数 300 余张，每千名老人拥有的床位数十张左右。此外，高龄老人生活补贴提标扩面工作全面开展。县内高龄老人生活补贴发放范围逐步扩大，高龄老人生活补贴标准不断提高，80～89 周岁高龄老人生活补贴标准不低于每人每月 50 元，90～99 周岁高龄老人生活补贴标准不低于每人每月 100 元。

（三）脱贫攻坚全面开展

全县 2012 年以来累计转移就业贫困劳动力 6232 人，占农村贫困劳动力总数的 55.7%，其中 2017 年新增转移就业 696 人。累计拨付就业扶贫资金 1452.54 万元，其中 2017 年拨付 554.63 万元。按每人 150 元/年的标准落实未享受医疗救助的贫困人口参加新农合个人缴费全额补贴政策，为建档立卡贫困户 26138 人发放新农合个人缴费补贴 308.36 万元。全面落实建档立卡贫困人口住院就医费用报销比例提高 10%，共为 3961 人次提高了报销比例，提高部分报销金额为 193.18 万元。建档立卡贫困人口全部纳入大病保险补偿范围及大病保险起付线降低 50% 的政策，为 147 人降低大病保险起付线 50%，补偿金额 36.98 万元。

六、基本公共文化体育均等化的实施情况

炎陵县的公共文化以炎帝文化、红色文化、生态文化和民俗文化"四大品牌"为主体，按照公益性、基本性、均等性、便利性的要求，以设施全覆盖为基础、服务均等化为目标，加大公共文化建设投入，全面提升公共文化服务效能，公共文化设施网络全面覆盖、互联互通，公共文化服务的内容和手段更加丰富，服务质量显著提升。

（一）以服务为保障

1. 加强组织领导，纳入政绩考核

先后出台了《关于加快构建现代公共文化服务体系的实施意见》《炎陵县现代公共文化服务体系示范区创建工作方案》等政策性文件，与各创建成员单位签订了责任状，制定了任务分解表，细化职责分工。健全完善了创建示范区联络员制度、定期例会制度、专项资金管理制度等六项工作制度。建立了公共文化机构绩效考评制度，将示范区创建工作纳入了对相关单位、各乡镇的政绩考核。

2. 加强人员保障，大力培养人才

制定了《炎陵县文化人才发展办法》，通过采取跟班学习、选派挂职、培训教育等形式，加强对文化人才队伍的培养，提高了文化从业人员的业务素质。与湖南工业大学建立合作关系，积极争取文艺人才培训、文化活动指导等方面的支持。全县公益性文化事业单位文化业务人员占职工总数的87.2%，乡镇综合文化站配备全额事业编三名，全县组建了近300支业余民间文艺团队，举办文化业务培训班，将县、乡、村文化专干培训纳入县干部教育培训计划。

3. 加强志愿服务，凝聚社会力量

组建了注册志愿者达1000余人的文化志愿者队伍，结合乡镇实际情况开展了文艺演出、文化知识普及等一系列文化志愿服务活动，融文化服务与志愿行动推广于一体，吸纳社会有关方面的代表参与公共文化场馆管理，最广泛凝聚全社会的智慧和力量参与示范区创建。

4. 加强宣传报道，成绩显著

开通"炎陵文化"微信公众号，及时宣传各项惠民政策，发布全县文体活动信息；在全县各文化场馆开辟专题宣传栏、悬挂横幅、张贴创建标语、发放《公共文化服务保障法》和《炎陵县公共文化服务指南》。近年来，积极向湖南省市新闻媒体宣传推介炎陵县公共文化服务体系建设推进情况，其中省级以上媒体发表80余篇，市级发表100余篇。2016年10月湖南省贫困地区村综合文化服务中心示范点建设现场会上，炎陵县作为全省三个典型代表之一，进行了经验交流发言。同年11月25日"炎陵经验"在《人民日报》刊登。

（二）通过改善设施提高服务质量

炎陵县文体设施面积达42.3万平方米，人均拥有2.07平方米，高于全面小康二类县标准，逐步实现了县、乡、村三级均等化发展。

1. 县级文化设施不断完善

建成了"四馆一中心一影院"，即图书馆（国家一级馆）、文化馆（国家二级馆）、红军标语博物馆、纪念馆、文体中心、星鑫国际影城。其中，文体中心占地100亩，投资1.2亿元，集宣传教育、老干活动、文化体育、青少年活动等多功能于一体，成为炎陵县城的一道亮丽风景。

2. 乡镇综合文化站全面覆盖

10个乡镇都建成了独立的综合文化站，配备了乐器、音响、健身器材等，具备文体活动、书刊阅览、教育培训、网络信息、科普宣传和广播影视服务等功能。其中，一级文化站5个、二级文化站3个、三级文化站2个，上等级率100%。

3. 村综合文化服务中心建设稳步推进

按照"七个一"标准强力推进村级综合文化服务中心建设，投入1300多万元建成村（社区）综合文化服务中心95个，其中省级示范点10个。同时，结合炎陵县旅游景点和新农村建设，选定乡镇人口密集的公共场所绘制以炎帝文化、红色文化、客家文化为主题的乡村文化墙。

（三）通过各种文化活动大力惠民

炎陵县借助本地特色通过举办各种活动，丰富群众文化生活。

1. 举办特色节会活动

深入开展客家民俗文化节、"三月三"畲族文化节、盘王节、桃花节、黄桃大会、"全民阅读·书香炎陵"、"欢乐潇湘"、"罗霄放歌"等特色群众文化活动。其中，"罗霄放歌"得到国家公共文化服务体系建设专家委员会委员巫志南教授首肯。

2. 推进惠民工程

坚持大力开展送戏、送电影等活动，每年送演出500多场、免费放映公益电影2424场。县图书馆、文化馆举办送图书、送文化、送辅导等流动服务100余场次，极大地丰富了农民群众业余生活。

3. 举办"乡村文化日"活动

从2016年10月开始，在西片中心村试点举办"乡村文化日"活动，将免费戏剧、电影、展览、文艺演出和辅导等文化惠民活动提前预告，并在同一天举行，从早到晚都有活动，且类型多样，形成集聚效应，使之真正成为农民自己的文化节日。

4. 推进乡村自办文化活动

中心乡镇、优势村示范带头，举办了农村广场舞比赛、农民趣味运动会、元宵灯会、农民晒春联等活动，通过喜闻乐见的形式，吸引了农民群众广泛参与。

第三节　炎陵县着力促进基本公共服务均等化的实践与途径

一、深化医疗卫生体制改革，提高公共医疗卫生服务共享水平

（一）分级诊疗制度建设稳步推进，医药卫生体制改革不断深化

构建基层首诊、分级诊疗、双向转诊的就医格局，全面实行药品零利润销售，全面启动居民健康卡工作，炎陵县中医院在全省县级医院中率先开通居民健康卡系统。推进精准医疗扶贫和分级诊疗制度建设，在全市率先与株洲市中心医院开展为期四年的医疗合作，促进优质医疗资源共享，推动公共医疗服务均等化发展。

（二）充分利用资源优势，中医资源发掘不断强化

炎陵县于 2012 年 4 月至 2013 年 6 月底开展了中医药普查工作。重点考察了 1 个自然保护区、77 个村和 1 个农场。考察海拔 800 米以上的山峰 24 座，调查样地 30 个，完善资料 200 余套。普查发现县域有中草药 1100 种，其中植物药 152 种、动物药 70 种，省重点品种 164 种；特色种类 142 种；珍稀药用资源 46 种。近几年中医馆建设不断加强，全县相继在河西中心卫生院、三河卫生院、霞阳卫生院、沔渡中心卫生院、十都卫生院、水口中心卫生院、中村卫生院建成中医馆。县内所有乡镇卫生院、40% 以上的村卫生室均具有中医药服务能力，充分利用丰富中药资源，极大地增加了居民医疗服务的可获得性，为城乡居民就医提供了便利。同时，特色专科建设也不断强化，县中医院的特色专科——蛇伤科已有几十年的历史，具有丰富的临床经验，常备的抗蛇毒血清有 3 种，每年成功救治各种蛇咬伤患者 100 余例，辐射周边宁冈、桂东、茶陵等县。

（三）全面开展因病返贫工作调查，脱贫攻坚工作扎实推进

启动"医疗保险救助一批"脱贫攻坚工作，开展"因病致贫、因病返贫"调查核实工作，完成建档立卡贫困户的疾病信息摸底、录入工作，完成"因病致贫、因病返贫"人员 3261 人的现场评估工作，制订了分类救治方案。全面落实建档立卡贫困人口住院费用，报销比率提高 10%，大病报销起付线降低 50% 的医疗救助政策。

二、加快提高就业服务水平，促进就业服务均等化发展

（一）广泛进行技术培训，深入开展职业培训

坚持邀请专家授课讲与农艺师田间地头教相结合，2017 年开设农业技术培训班 160 余期，培训农户 1.3 万人次，通过果农微信、QQ 群等新媒体手段，实时推送农技专报和技术手册，全县 70% 以上农户掌握了 1～2 门实用技术。举办贫困地区劳动力素质提升培训、农村劳动力培训、"两后生"技能培训、农村实用技术培训等职业培训 27 期 1601 人，让贫困劳动力能掌握致富技能，实现稳定就业。同时积极参与企业帮扶，加强与企业对接了解企业需求，局领导带队走访园区，面对面宣传用工政策；深入各乡镇，举办招聘会解决企业用工难。强化开展实体经济人才培养、职业技能培训、为企业发展提供人才保障。

（二）打造现代化农业科技园区，依托产业带动增创增收

农业科技园区核心区规划面积 700 公顷，以核心区周边沔渡、十都等 10 个乡镇为示范区，在罗霄山脉周边县市为辐射区的基础上，不断促进农业成果转化和科技示范带动作用。积极发展农产品加工、现代信息与物流等新兴产业，初步形成了传统主粮种植、特色园艺种植、特色养殖和农产品加工等优势产业集群，呈现出第一、第二、第三产业相互促进共同发展的良好态势。

近年园区完成农业总产值都保持在 10 亿元以上，新增 125 家农村专业合作社，新增"三品一标"农产品认证 6 个，建成农产品标准化基地 14 个、农产品追溯系统 1 个，新扩特色水果 11890 亩，新发展白鹅 132 万羽，新扩蔬菜基地 1200 亩。炎陵黄桃获评国家地理标志证明商标，入选湖南十大农业品牌。"黄桃之乡"星创天地入选科技部第一批"星创天地"。炎陵茶叶品牌美誉度进一步扩大，获国家、省级茶叶评比金奖 9 个，大院龟龙窝生态茶园获评"湖南十大最美茶园"，为农民就业创收带来巨大效益。

（三）积极落实就业政策，强化劳动执法

抓好高校毕业生、就业困难人员、农村转移劳动力等重点群体的就业援助工作，促进城乡就业稳定。坚持以创业带动就业，做好创业培训、创业担保贷款、扶持高校毕业生微创业等工作。不断提高劳动者素质，做好实体经济人才培养、职业技能培训等工作，让劳动者就业更加稳定。巩固就业扶贫工作成效，进一步完善劳务协作信息平台、贫困劳动力五大台账建设，继续做好贫困劳动力技能培训和"两后生"培训、开发公益性岗位、就业援助等工作，落实好社保补贴、岗位补贴、吸纳贫困劳动力就业以奖代补等政策，巩固"培训一人，转移一人，就业一人，脱贫一户"工作成果，让城乡就业更加充分。强化劳动执法，让劳动关系更加和谐。加强农民工劳动合同和工资支付监管工作，认真落实好联席会议制度和农民工工资保证金制度，预防和处置拖欠农民工工资行为。开展劳动监察日常巡查和书面审查工作，逐步规范用人单位的用工行为。认真做好工资集体协商、工伤认定等工作，切实维护劳动者合法权益。加强劳动仲裁机构和基层劳动争议调解组织的建设，及时化解各类劳动纠纷，促进劳动关系和谐。

三、加快城乡社会保障建设，提高社会保障服务均等化程度

（一）快速推进农村危房改造，保障农民住有所居

近几年炎陵县完成农村危房改造 7639 户，全面完成农村危旧土坯房集中整治工程，共投入奖补资金 4457 万元，完成 7581 户农村土坯房集中整治；另投入资金 5986 万元，按照"一户一宅"政策，对 3991 户闲置、废弃、空心破败的农村土坯房，采取拆除方式进行整治，城乡外部环境明显改善。注重村庄特色，努力抓好文化名镇和特色村镇建设，霞阳镇、沔渡镇、水口镇列入全市推进新型城镇化试点示范镇，中村乡成功申报"全省历史文化名乡"，龙渣乡龙渣村被授予"湖南省少数民族特色村寨"。

（二）切实加大财政投入力度，加强养老服务基础设施建设

坚持以公共财政为导向，加大县级财政对社会养老服务体系建设投入力度。近年来，炎陵县累计投入 1000 余万元，对全县 13 家敬老院进行了新建和扩建。将社会老人机构养老与乡镇敬老院五保老人集中养老有机结合，用现有资源为社会老人提供养老服务。

此外，县文体中心专门为老年人体育健身划分专门区域，建有标准的门球

场，实行全天候为老年人服务。在老年人居住密切的小区，大部分都建有健身场所并配有健身器材，为老年人健身休闲活动提供。同时，县老年社会福利中心项目已列入炎陵县"十三五"规划和重点民生项目建设，该项目争取到国家专项建设基金 2500 万元。目前，已完成两栋养护楼以及综合服务楼、厨房和餐厅主体建设，为居家养老提供理想场所。

（三）加强顶层设计，全面展开脱贫攻坚战

炎陵县牵头制定《炎陵县促进贫困劳动力转移就业脱贫一批行动方案》《炎陵县 2017 年就业扶贫工作实施方案》等一系列文件，切实做好针对贫困劳动力的技能培训、就业援助、创业扶持、劳务协作等工作，优先保证、优先安排、优先拨付就业扶贫资金，实现为贫困劳动力提供转移就业服务覆盖率 100%、有培训需求意愿的贫困人口参加就业扶贫技能培训覆盖率 100%、公益性岗位扶贫村覆盖率 100%。

同时，围绕贫困户脱贫"一超过、两不愁、三保障"，大力实施"七个一批"，即发展生产脱贫一批、易地搬迁脱贫一批、生态补偿脱贫一批、发展教育脱贫一批、保障兜底脱贫一批、转移就业脱贫一批、医疗保险和救助脱贫一批。围绕贫困村退出"一个确保、两个完善"，大力实施"六大工程"，即交通扶贫工程，水利扶贫工程，通信和电力、光伏扶贫工程，农村危旧房改造与环境综合整治工程，文化扶贫工程，乡村旅游扶贫工程。严格落实中央、省、市政策要求，结合炎陵实际，制定了一系列扶贫政策，有力地确保民生得到明显改善，基础设施和公共服务明显提升。

四、坚持城乡统筹，完善基础功能，提高基本公共设施均等化水平

炎陵县新型城镇化建设将紧紧围绕"以炎帝文化为特征的生态旅游强县"发展目标，按照"一心两区多点"的城镇发展格局，立足打造"山水园林旅游城市"，坚持"县城与乡村统筹，扩容与提质并重，建设与监管同步"的原则，进一步完善城镇基础功能，拓展城镇发展空间，改善城镇人居环境，努力提高城镇发展质量和水平。

（一）继续完善城乡规划体系

按照"一心两区多点"的开放型县域城镇空间架构，加快发展县城—沔渡、县城—水口、县城—鹿原三条轴带，促进县城、中心镇、集镇功能互补、协调发

展，形成以县城为核心，以炎帝陵风景区、神农谷度假区为支撑，以建制镇为纽带的新型城镇发展体系。加快县城控制性详细规划编制，完善城郊结合部、城市主干道沿线、新建城区等重点区域规划，编制好城镇燃气、县域旅游产业发展、基础设施和县城地下管网等行业专项规划，开展湘山公园、笔架峰、草坪河、相思河等规划保护，推进以徽派建筑为主体的城市风貌建设。另外，突出城镇特色化。根据乡镇区划调整和村庄合并，完成新一轮乡镇总规划和村庄布局规划调整编制工作，因地制宜规划一批特色鲜明的示范镇和示范村。

（二）加快城镇扩容增量

按照"南拓北提、东延西展"县城发展战略，突出县城首位度，以项目为依托，加快草坪河片区、火车站片区等区域建设，不断拓展县城空间，完善城市功能，促进产城融合。加快推进炎陵大道、康乐大道建设及井冈东路提质改造和神农大道延伸段拓宽改造，建成石玉路、香樟路、竹山湾路，启动东西城区连接线建设，同步跟进供水、供气、排污等配套设施，推进神农古镇、公立幼儿园、妇幼保健院、中医院建设，带动道路两侧周边土地开发利用，进一步拉大东城区城市骨架，努力将县城打造成拉动县域经济发展、吸纳群众就业、承载人口转移的主要载体，基本建成产业集聚、环境良好、特色突出、宜居宜业宜游的山水园林旅游城市。

（三）实施旧城提质改造

坚持"扩容与提质并重"原则，合理规划、同步推进老城区改造和新城区拓展，推动老城区有机更新。一是继续实施城市棚户区改造三年行动计划，改造城中村和旧城区道路、路灯、供排水等设施，完成城市棚户区改造拆除新建15栋237户。二是抓好旧城提质改造项目，实施霞阳大道、神农大道、炎陵路、解放路、文化路等主干道景观提质改造，启动西正街、西外街和南外街等文化古街提质工程，打造传统文化历史街区。三是加快城区地下停车场和公共停车场开发建设，成坎坪路、东风路等16条小街小巷改造，完善人行道、自行车道、小街小巷、无障碍等设施。

（四）完善城镇配套设施

继续实施"两供两治"设施建设，提升城镇综合承载能力。一是加快城市给排水管网及配套设施建设，完成老旧城区炎陵路、解放路、文化路等主供水管道增容改造，以及城市居民供水工程，改扩建北门垅水厂，城镇公共供水普及率达100%；二是启动安炎长输管道燃气工程炎陵段建设，推进两座汽车加气站建设，广泛推广运用天然气新技术、新工艺，县城燃气普及率达75%以上；三是加大老旧城区雨污分流管网改造，实施污水处理厂提标改造工程，不断加强城镇公用设施运行管理，县城污水处理率达90%以上。

（五）推进特色城镇建设

加强中心集镇建设，把发展重点镇作为新型城镇化工作的突破口和切入点，重点抓好霞阳、水口、沔渡特色小镇建设，加快下村省际边界口子镇建设，着力提升集镇承载能力。整体推进"美丽乡村"建设，着重完善村庄街道、排水排污、亮化美化等基础设施，加大建制镇污水管网建设。加强城镇历史文化遗产和民族特色村寨的保护，组织申报塘旺村、新生村和云里村传统村落，突出地域、历史、民族和文化特色，合理设置文化景观、文化雕塑，保护修缮古典文化建筑，坚持"现代徽派＋江南民居"风格，继续推广统一的村民建房风格风貌，提升城镇建筑内涵。

五、落实精细精准教育扶贫，优化教育资源配置，推进基础教育均等化

（一）强化控辍保学

进一步完善控辍保学目标责任制和联控联保机制，重点关注农村、边远等重点地域，初中等重点学段，以及流动留守儿童、家庭经济贫困儿童和残疾儿童等重点群体，落实"三帮一"劝返工作，确保建档立卡贫困学生辍学率为0。

（二）落实各种资助

突出补齐幼儿园和职业学校教育资助覆盖不足的"短板"，健全各学段资助体系，精准识别，用足政策，充分利用各类教育资助项目，积极争取社会力量资助，实现家庭经济困难学生资助全覆盖。

（三）做实基础工作

继续"开展千名教师扶贫大走访"活动，进一步解决家长对政策不明、资助不清的问题。完善建档立卡贫困学生基本信息和资助信息，做到"账、表、卡、册"准确规范。做好"两后生"培训、家庭经济困难学生职业技能培训和驻村帮扶等工作。

（四）优化教育资源配置

盘活城区学校现有资源，逐步控制城南小学规模，合理调剂城区小学学位布

局。制定并落实《统筹推进县域内城乡义务教育一体化改革发展的实施意见》，有效补齐农村义务教育"短板"，积极创建义务教育标准化学校（教学点）。严守"20条底线要求"，着力解决"两人一铺""学生淋浴设施""村教学点旱厕"等问题，高质量完成全面改薄收官任务。

六、保障资金和人员投入，开展多样化活动，实现文化体育服务均等化发展

（一）确保必需的资金投入

经费保障是开展公共文化体育活动的基础，图书馆、免费戏剧、电影、展览、文艺演出、"老百姓大课堂""订单式"文化服务等一系列文化共享措施，都需要得到必需的政府资金资助。

（二）相关专业人才的参与和培训

随着群众对文体需求的迅速增长，对共享文体人员志愿者和专业人员的需求必然相应扩大，需要加大文化共享专业人员的培训力度，招募更多社会支援者的参与活动。

（三）活动内容多样化，积极创新文化品牌

1. 探索图书馆总分馆制建设

炎陵县图书馆创新服务手段，在全县建成18个分馆、128个服务点。图书馆总分馆制建设获得了"湖南省2016年公共文化服务成果"二等奖。2018年初，炎陵县又建成了一家24小时自助图书馆。

2. 开设"老百姓大课堂"

在炎陵县文化馆开设了"老百姓大课堂"，邀请各方面的专业人才、理论专家、学者及先进人物进行讲座，根据群众个性化需求，推出"订单式"文化服务。该项目启动以来，深受老百姓的欢迎，目前已经开展文化服务活动100余次，受益群众达4万余人，极大地促进了炎陵县群众文化的发展和繁荣。

3. 推广"半小时会前阅读"

为强化党员教育，提高村干部群众思想素质，充分发挥农家书屋的作用，炎陵县结合脱贫攻坚工作，探索全民阅读新模式，取得阶段性性成果。如炎陵县鹿原镇玉江村，利用村综合文化服务中心图书阅览室，在村级召开各种大小会议和开展各种活动前，探索性地建立党员、干部群众半小时会前阅读的制度，形成随

到随学、"定期＋不定期"培训的模式，实现学习教育常态化。自2016年9月开始，炎陵县大力推广普及这一模式。

第四节　炎陵县稳步推动基本公共服务均等化过程中的困难与挑战

一、基本公共服务均等化水平较低，建设任务艰巨

（一）养老基础设施建设水平有待提高

由于炎陵县为典型的山区小县，13所敬老院地处偏远，资源分散，配套设施不完备，人员配备参差不齐，服务质量无法得到有效提升。同时，部分敬老院基础设施建设过于落后，2005～2017年通过落实"10件实事"，8个改建后的养老院情况改善，其他5所敬老院仍沿用原来老旧建筑，存在设施设备陈缺简陋、房间数量偏少且设计不合理、消防设施不够完善等诸多问题。

（二）社会养老服务体系任务艰巨

居家养老推进缓慢，还没有出台鼓励居家养老服务体系的基础性政策措施，机构养老结构单一，社区养老还处在起步摸索阶段，严重滞后于新形势发展的需要；社会力量养老基础建设的政府扶持政策还没有系统建立，同时从业人员严重缺乏。扶持政策落实较难，各级关于加快老龄事业发展有关政策意见中的扶持政策涉及国土、税务、电力等多个部门，缺乏相关具体落实政策，在实际执行中难以落实。

（三）卫生机构基础设施还不够完善

炎陵县是罗霄山片区区域发展与扶贫攻坚重点县，目前县、乡、村三级医疗卫生机构基础设施还不够完善，特别是县级公立医院基础条件差，设施设备落后，不能为群众提供优良的医疗服务。

（四）推进基本公共服务均等化成本高

炎陵是欠发达的地区，地理位置偏僻，经济和社会发展基础薄弱，村居分散，平均人口密度低，大部分乡镇山高路远，交通极为不便，推进基本公共服务

均等共享成本高。

（五）城乡养老保障水平有待进一步提高

炎陵县虽已建立起覆盖城乡的养老保障和医疗保障体系，但与其他地区比较，养老保障总体水平相对较低，城乡之间的差别仍然较大，有待进一步提高。

二、财权与事权不匹配，地方财政压力过大

近年来，炎陵县将公共财政支出逐步转向民生领域，主要通过抓脱贫攻坚促进民生问题的解决。由于历史原因，炎陵县在基础设施建设，特别是农村道路、公共文化设施等一些方面欠账较多，改变这种现状需要投入巨大的资金。另外由于炎陵县经济基础薄弱，总量偏小，总体发展速度比较缓慢。"引进来"和"走出去"比较困难，经济发展后劲不足，导致本级财政支持力度极其有限，本级财政支出严重依赖上级财政的转移支付。

卫生基层设施建设资金严重不足。2016年，虽然县、乡、村三级医疗卫生机构实施综合医改的财政补助资金达到了4805万元（含中央和省、县财政），但仍难以满足基层医改和县级公立医院运行发展的需要。目前，炎陵县中医院、炎陵县妇幼保健计划生育服务中心、炎陵县疾控中心、鹿原等5个卫生院及35个建制村卫生室项目建设缺口资金共计12150万元。

三、城乡二元结构制度带来资源差异分化加剧

（一）城乡医疗资源差异影响分级诊疗制度推行

由于城乡之间的医疗资源优势悬殊明显，导致部分经济条件好的患者稍有小病就选择到大医院，找"名医"看病就医。加上大医院的不断扩张，使拔尖医学人才等资源从基层医疗机构不断流向城市大医院，进一步削弱了基层医疗卫生机构的服务能力，影响了分级诊疗制度建设的推进力度。

（二）高精尖人才引进困难

炎陵县地处偏远山区，财力薄弱，职工待遇偏低，造成卫技等优秀人才引进难、流动大。目前炎陵县在岗医务人员1031人，60岁以上占6%，41~59岁占40.7%；本科占17.8%，大专占51.8%，中专及以下占30.4%；高级职称占3.1%，中级职称占22.8%，初级职称占51.1%。县级医疗机构多个专业的卫技

人才已出现断层，全县医疗卫生单位普遍缺乏高素质且能挑重担的临床医疗人才，特别是妇产科、儿科、精神科等科室。乡村医生老龄化严重，不能有效地满足群众的就地、就近就医需求。

（三）法律服务人才匮乏

炎陵县自公证处改革后，从事公证工作的人员均为兼职人员，而其他公共法律服务的部分机构如人民调解委员会、法律援助中心等也缺乏专职人员，工作人员大都由司法行政机关、基层司法所、村（社区）工作人员兼任。公共法律服务专职人员的缺乏成为制约炎陵县推进公共法律服务全覆盖体系建设的一大"瓶颈"。

四、经济社会发展水平较低决定了基本公共设施建设的薄弱

（一）城镇化进程缓慢

由于炎陵县工业化水平较低，以旅游业为主的第三产业发展缓慢，尚未形成规模，城镇特色化也不突出，导致城镇聚集度不高，城镇的辐射能力和竞争力不强，对城镇化的推动作用不充分，目前人口城镇化率不足30%，要到2020年县域城镇人口达到12.1万人，常住人口城镇化率达到54%的任务还非常艰巨。

（二）城镇规划编制水平低

规划编制缺乏资金保障，乡镇控规和村庄规划编制困难。乡镇只编制了乡镇总体规划，未编制控制性详细规划或修建性详细规划。农村规划重视程度不够，乡镇规划管理机构不健全，规划专业技术人才缺乏，村镇规划管理和执法难。

（三）配套基础设施滞后

由于乡镇级财力紧张，难以筹措到更多的资金用于本级基础设施建设，向上争取的扶持政策和项目资金也有限，导致相应的供水、供气、排水、排污、垃圾处理等基础设施建设难以跟进，基础设施相对还较为落后，城乡差距明显，特别是乡村级的基础设施还比较薄弱，公共服务均等化还远远没有到位。一是城区地下污水收集管网不完善，特别是老旧城区污水管网复杂，改造难度和投入极大；二是地势较高的供水水压问题比较突出，炎陵路、解放路、文化路等的供水管网急需改造；三是建制镇污水处理厂均已建成，但配套管网不完善，缺少项目和资金。

（四）城镇化建设资金不足

城建项目投资平台和融资渠道不宽，向国家和银行争取资金难度越来越大、门槛越来越高，现行的城镇建设投资体制难以适应城镇化的快速发展。况且，炎陵县县域经济不发达，经济总量小，财政预算的城镇建设资金远远不能满足城镇发展的需求，资金不足是制约炎陵县新型城镇化快速发展的一大"瓶颈"。

第五节　炎陵县稳步推动基本公共服务均等化的经验与特点

随着我国经济步入新常态，经济发展也进入了建成小康社会的攻坚爬坡期，增强顶层设计，保障人民共享发展成果、提升人民获得感、促进社会公平正义，是建成小康社会的重要举措。在这样的大背景下，总结炎陵县推行基本公共服务均等化发展的主要经验和特点，主要有以下几点：

一、促进公平正义是加快基本公共服务均等化发展的宗旨

改革开放初期，我国以经济建设为中心，实行"先富带动后富""效率优先"的发展理念，极大地推动了经济的快速发展，但随着改革开放不断进行，过于注重效率的弊端逐步显现出来，经济发展不平衡化问题日益突出。习近平总书记在十九大报告中强调，"我国社会主要矛盾已经转化为人民日益增长的美好生活需要和不平衡不充分的发展之间的矛盾"。因此，现阶段我国必须坚持"创新、协调、绿色、开放、共享"的新发展理念，转变以往以粗放型发展模式，更加注重公平正义，加快基本公共服务均等化建设，促进经济发展更加高质量、均衡化。推行基本公共服务均等化发展，就是要建立社会保障体系，保障全体人民的共同发展，增加全体人民的总体福利，实际解决人民群众社会生活中的医疗、教育、就业、社会保障等方面的具体问题，满足人民群众的基本公共服务需求，增强人民因经济发展所带来的获得感和幸福感。

二、建立和完善相关政策是促进基本公共服务均等化的重要保障

炎陵县政府为推进基本公共服务均等化，不断加强顶层设计，以政策规章为总抓手，不断完善公共医疗、基础设施建设以及社会保障等相关政策（见表3－1）。"十二五"以来炎陵县政府出台一系列政策，保障各个群体尤其是社会弱势群体，能够都有机会享受基本公共服务。2017年炎陵县政府颁布《炎陵县"民生100"扶持建设现代农机合作社实施方案》的通知，大力实施"民生100"工程和"两供两治"设施及市政工程，坚持民生优先，加快城乡基础设施建设步伐。完善城镇居民供水供气以及污水垃圾处理基础设施建设，县城供水覆盖率达99%，水质综合合格率100%；天然气供气站年供气能力达1752万立方米，燃气管网覆盖达7000余户。县城污水处理厂敷设污水收集主干管17千米，污水处理率达91.37%；建成县城垃圾处理场总库容量达90万立方米，县城生活垃圾无害化处理率达100%；同时安装小街小巷和"美丽乡村"试点村太阳能路灯390座，城乡配套设施建设在政府政策推动下，较好地满足了城乡人民基本需求。

表3－1 "十二五"以来炎陵县制定关于促进基本公共服务均等化的政策汇总

危房改造	关于印发《炎陵县2016年农村危房（土坯房）改造实施方案》的通知	炎政办发〔2016〕1号
基础设施建设	关于印发《炎陵县"四好农村路"建设工作实施方案》的通知	炎政办发〔2018〕2号
	关于印发《炎陵县"民生100"扶持建设现代农机合作社实施方案》的通知	炎政办发〔2017〕45号
扶贫	关于印发《炎陵县2018年就业扶贫巩固提升实施方案》的通知	炎政办发〔2018〕13号
	关于印发《炎陵县2017年"企业帮扶年"活动考核办法》的通知	炎办发〔2017〕13号
	关于印发《炎陵县财政专项扶贫资金管理办法》的通知	炎政办发〔2016〕8号
社会保障	关于印发《炎陵县加强困境儿童保障工作实施方案》的通知	炎政发〔2018〕2号
	关于印发《炎陵县城乡居民基本养老保险制度实施办法》的通知	炎政发〔2015〕13号
	关于印发《炎陵县重度残疾人护理补贴制度实施细则》的通知	炎政办发〔2014〕50号
	炎陵县人民政府办公室关于解决未参保城镇小集体职工等养老保障遗留问题的通知	炎政办发〔2012〕37号
	炎陵县人民政府办公室关于加强孤儿保障工作的实施意见	炎政办发〔2012〕76号

三、建立人才激励和培训机制是保障基本公共服务均等化可持续的基础

要使基本公共服务均等化程度更高，达到人人享有基本公共服务以及可持续性发展，重点是加大对基层公共服务机构人才激励、培训等可持续性健康发展的政策倾斜，健全完善相关的配套政策措施，全面提升城乡基层公共服务水平和效率，借鉴典型地区的成功经验，真正做到"保基本、强基层、建机制"人才保障制度建设。切实解决当前公共服务专职人员的数量不能满足快速发展的服务需求，尤其在医疗、教育、文化等方面。加大基本公共服务共享专业人员的培训力度，培养一批具有现代意识、创新意识的基本公共服务管理者和基层人才队伍，提高基本公共服务的业务工作水平。促进社会力量参与基本公共服务均等化发展进程，争取达到全社会共同推动基本公共服务均等化的局面。

四、加强城乡信息化建设，是提高基本公共服务均等化的重要路径

近年来，炎陵县借助国家脱贫攻坚战略政策的春风，以发展电子商务为平台，建成县电子商务公共服务中心。通过对农村信息网络的硬件投入，在全县120个行政村全部实现光纤入户改造工程，提供百分百覆盖率的百兆宽带接入；联合湖南农村商业银行，在全县所有行政村建成128个农村电子商务服务站，形成了独具炎陵特色的"电商＋金融"发展模式；通过加强农村电商人才培训，大大提高了炎陵县电商人才特别是农村电商产业发展队伍的整体水平。

通过加强电商物流保障体系建设，实现全县物流企业的整合，建立了统一的物流信息平台，突出解决电子商务进农村"最后一公里"的物流"瓶颈"，实现县域农村物流配送派件、揽件"公交化"，新增网店数量3000个，发展网民数量（使用互联网的农村地区人口）8万人，为农民创业增收提供保障。

第四章 武陵源区：多领域统筹规划协调推进基本公共服务均等化

　　湖南省张家界市武陵源区是世界著名风景区之一。近年来，武陵源区积极适应新常态，经济社会保持平稳健康发展。在区域发展布局中，武陵源区积极贯彻基本公共服务均等共享的工作精神，统筹相关规划建设，协调区域经济和城乡发展差异，在民本民生项目布局、创业就业环境创建、产业项目发展等各个领域推进基本公共服务均等共享。完善公共就业服务体系，落实就业服务政策；完善医疗保障公共服务体系，专项推进公共卫生服务均等化；坚持公平为先、质量为重，逐步推进基本公共教育服务均等化；深入推进城乡建设，缩小城乡差距；大力发展多元化、多层次、多类型的农业生产经营性服务；着力提升水利行业基本公共服务均等化；大力推进绿化基本公共服务；全面推进商事制度和"放管服"改革；推进覆盖城乡居民的公共法律服务体系建设；完善养老服务体系；加大财政投入，保障改善民生；贯彻落实各项税费优惠减免政策；加大金融支持力度，助推基本公共服务均等共享；大力开展公共服务均等共享项目建设。一系列举措的实施取得明显成效。同时，武陵源区在推进基本公共服务均等共享中还存在一些问题和挑战，主要表现为劳动力供需结构性矛盾；医疗保障制度发展不平衡、不充分，公共卫生服务质量有待提高；养老保险保障水平低，养老服务发展缓慢；农业生产服务单一，农村集体经济薄弱；财政投入和融资压力大；项目建设城乡发展不均衡；公共法律服务不足等。对武陵源区进一步推进基本公共服务均等共享提出以下对策建议：一是做好劳务协作转移就业工作；二是多措并举保障基本公共服务发展资金；三是完善政银企联席制度，着力解决小微企业融资难问题；四是加强保障，提高基本公共卫生服务质量；五是积极探索新型农业社会化服务体系；六是全面实施乡村振兴战略；七是加快推进乡村旅游，大力发展森林生态旅游；八是加快建成覆盖城乡的公共法律服务体系；九是着力推进社会养老服体系建设；十是建立工作长效机制，加强部门联动。

第一节　武陵源区发展概况

武陵源区隶属于湖南省张家界市，位于湖南省西北部，距省会长沙市约 400 千米，辖索溪峪、天子山、张家界、杨家界四大风景区，是世界著名风景区之一。武陵源区主要由张家界国家森林公园和索溪峪、天子山两个自然风景区组成，面积 390.8 平方千米，是我国第一个国家森林公园、全国首批 AAAAA 级景区、国家风景名胜区、世界自然遗产地、世界地质公园。

2017 年，武陵源区积极适应新常态，坚持稳中求进工作总基调，以供给侧结构性改革为主线，统筹推进精品景区、特色城镇、美丽乡村建设，统筹打好旅游提质升级、核心景区移民搬迁、乡村旅游、农村环境综合整治"四大攻坚战"。经济运行稳中有进，符合预期，经济社会保持平稳健康发展。

初步核算，武陵源区 2017 年全年实现地区生产总值 560725 万元，同比增长 8.7%。其中，第一产业增加值 17614 万元，同比增长 3.8%；第二产业增加值 7297 万元，同比增长 2.9%；第三产业增加值 535814 万元，同比增长 8.9%。三次产业结构由 2016 年的 3.5∶1.4∶95.1 调整为 3.1∶1.3∶95.6。第一、第二、第三产业对 GDP 增长的贡献率分别为 1.5%、0.5% 和 98.0%，分别拉动经济增长 0.2 个百分点、0 个百分点和 8.5 个百分点。旅游业是武陵源区的支柱产业，2017 年全区接待国内外游客 2632.53 万人次，同比增长 15.2%，实现旅游总收入 2186978 万元，同比增长 21%。

2017 年实现财政总收入 59367 万元，同比增长 12.6%，其中完成税收收入 37333 万元，占财政总收入的 62.9%。国税收入 20637 万元，同比增长 22.7%；地税收入 16696 万元，同比下降 6.6%。地方财政预算收入 41909 万元，同比增长 11.2%。政府性基金收入 56505 万元，同比增长 127%。

2017 年，全体居民人均可支配收入 21726 元，增长 8.9%。其中，城镇居民人均可支配收入 27571 元，增长 8.7%；农村居民人均可支配收入 12029 元，增长 9.5%。2017 年全区新增城镇就业 903 人，失业人员再就业 100 人，就业困难对象再就业 50 人，城镇登记失业率控制在 2.88% 以内，全区新增农村劳动力转移就业 406 人，全年共培训各类人员 1527 人。

2017 年，全区坚持脱贫攻坚"政策不变、力度不减、工作不软"，大力推进产业扶贫、教育扶贫、健康扶贫、生态扶贫等富民惠民工程，脱贫攻坚成果进一步稳定巩固，顺利通过了国家、省两轮抽检验收，成功举办了湖南省脱贫摘帽对标交流会。

2017 年末，城镇建成区面积 323 公顷，绿地面积 136.36 公顷，绿化覆盖面积达 144.54 公顷，绿地率达 42.21%，绿化覆盖率达 44.74%。人均公共绿地面积达 10.02 平方米。绿化养护总面积达 20611 平方米，其中城区养护面积 141131 平方米、水岸养护面积 27980 平方米、通道养护面积 37000 平方米。城镇污水处理率达 95%。

第二节　武陵源区推进基本公共服务均等共享的主要举措及成效

近年来，武陵源区在区域发展布局中贯彻基本公共服务均等共享的工作精神，统筹相关规划建设，协调区域经济差异，城乡发展差异，在民本民生项目布局、创业就业环境创建、产业项目发展等各个领域推进基本公共服务均等共享。

一、不断提升基本公共服务能力和水平

（一）完善公共就业服务体系，落实就业服务政策

（1）充分落实就业服务政策。建立健全就业困难人员就业帮扶机制，充分落实培训补贴、就业补贴等就业服务政策，"零就业家庭"援助持续动态清零，就业援助率达 100%。积极搭建就业平台，始终将劳务协作转移就业作为实现就业的重要措施，深入与蓝思科技等国内大型企业合作，并达成劳务协作对接协议，大力促进劳动力转移就业。

（2）大力开展各类就业培训。广泛收集用工信息，针对用人单位需求和参训人员情况，量身定制，因人制策，积极开展"订单式"职业技能培训，增强培训针对性。加大对定点培训机构监督管理，对培训资质、资格进行审查，建立培训质量评估机制和约束机制，努力提高培训质量和效益。

（3）加快失业保险提质扩面。按照政策规定及时调整失业保险金待遇标准，近几年来武陵源区失业保险待遇领取标准从 2015 年的 1000 元/人·月提高到 2018 年的 1216 元/人·月，确保失业人员失业期间生活水平不降低。同时扩面征缴力度不断加大，积极广泛宣传，提高用工企业的参保积极性，通过劳动保障监察等手段，切实维护劳动者的合法权益。

（二）专项推进公共卫生服务

（1）强化组织领导，明确职责任务。为确保基本公共卫生服务的顺利开展，区卫计局成立了以党委书记、局长为组长，分管副局长为副组长，局办公室、业务股、区直卫计单位、各乡镇卫生院主要负责人为成员的工作领导小组，设立了办公室，对基本公共卫生服务工作实行统一领导、部署、组织和协调。为强化基本公共卫生服务相关股室工作职责，区卫计局将年度基本公共卫生服务重点工作任务分解到各有关股室及单位，任务分解到位，明确各部门职责，各有关部门思想高度统一，全力支持配合，工作协调推进。

（2）制订实施方案，及时下发资金。实施医改以来，武陵源区相继出台了《基本公共卫生服务实施方案》《基本公共卫生服务绩效考核方案》《基本公共卫生补助经费管理方案》，明确卫生院开展基本公共卫生服务任务和目标，资金使用范围，同时适时下乡督导工作进度，确保工作有序开展和监督资金的安全使用。

（3）积极创新思路，提高服务管理。武陵源区"全方位"为老年人免费体检。2017 年积极创新思路，在"服务项目、服务时间、服务模式、服务管理"上"全方位"、贴心为辖区的老年人开展免费健康体检服务，有效提高老年人的健康管理率与健康水平，"全方位"免费体检模式成效明显，得到了辖区群众的一致好评。军地坪街道社区卫生服务中心拓展了对慢病患者"健康建档、健康随访、健康体检、健康教育"的服务渠道，创新了国家基本公共卫生服务社区、个人、家庭的服务载体。

（三）完善医疗保障公共服务体系

（1）以政策宣传为先导，加大群众医保政策知晓度。全方位、多层次、多渠道宣传医疗保险政策，为医保工作顺利开展营造了良好的外部环境。一是通过会议、网络、电视、举办培训、工作微信群、发放宣传手册等多种形式将国家医保政策及时传递给群众，提高了群众的政策知晓度；二是加强与上级、区直部门以及乡镇的联动。组织送医送药服务活动，举办工伤业务培训，开展工伤保险宣传，保护农民工的合法权益。

（2）以强化管理为核心，提高基金运行效果。一是全面实施了基金的预算管理。2017年，按照"以收定支、收支平衡、略有结余"的原则制定年度基金预算方案，继续推行住院费用总额预算控制为主的基金支付方式，推行"指标结余奖励、合理超支分担"的弹性结算机制，降低基金运行风险，实现了当年基金略有结余。二是全面加强了基金监管。重点加强了协议单位、参保对象、医保内部三者的管理，强化了日常管理、目标管理和处理力度。

（3）以优化提升为主线，强化和改善经办服务。以"两创两带两促"党建活动为载体，以建设学习型、创新型和服务型单位为目标，加强队伍建设，不断提高职工服务意识，提升服务能力。一是强化和改善对外服务；二是加强经办机构自身建设；三是加强医保理论研究和宣传信息工作；四是全面推进落实异地联网结算服务。

专栏4-1　武陵源区医疗保险参保率实现新提高，医疗待遇实现新增强

武陵源区以全面完成小康考核指标为抓手，以保障民生为目的，以全覆盖为重点，加大政策推动和行政推动力度，通过动员参保、稽核推保、未参保人员登记助保等各种途径，多措并举、强力推动参保扩面，圆满完成基金征缴任务，城乡参保率达95%以上。

2017年城镇职工征缴情况：全区共有266家单位参加城镇职工医疗保险，有效参保人数为8794人，扩面285人。全年职工基本医疗共征缴基金6308.7万元，总计收入6500万元，完成率达138%。其中，基本医疗保险金2961.1万元，个人补助资金2085.7万元，职工大病互助金419.1万元，公务员补助金248.4万元，生育保险金180.42万元，工伤保险金414万元。

2017年城乡居民征缴情况：全区城乡居民医保有效参保人数为43884人，扩面487人。征缴城乡居民医保基金659.62万元，落实各级财政补助资金2019.99万元，其他收入23.45万元，总计2703.06万元。加大建筑业农民工

工伤保险参保力度，全区 15 个新开工项目全部参加工伤保险，征缴基金 32.33 万元，1525 名农民工全部纳入保险体系。

全区城镇职工基本医疗住院统筹基金支付 1166 万元；参保患者住院享受待遇 2297 人次；生育享受待遇 253 人次，基金支付 118.7 万元；工伤享受待遇 85 人次，基金支付 164 万元；门诊特殊病种享受待遇 3957 人次，基金支付 294.9 万元；普通门诊享受待遇 47972 人次，基金支付 2673 万元。全区城乡居民基本医疗住院统筹基金支付 2193.7 万元，参保患者住院享受待遇 8351 人次；普通门诊享受待遇 21893 人次，基金支付 91.2 万元；门诊特殊病种享受待遇 956 人次，基金支付 108.9 万元；享受大病待遇 250 人次，报销费用 136 万元；城乡居民意外伤害保险享受待遇 511 人次，报销费用 183.7 万元。继续落实"阳光医疗"工程，对 5306 名建档立卡贫困人口提供"阳光医疗"多重医疗保障。医保政策倾斜受益人数达 7144 人次，受益金额达 197.71 万元，其中医疗费用报销比例提高 10%，享受待遇 794 人次，报销费用 40.01 万元；免起付线，享受待遇 972 人次，报销费用 41.51 万元；大病保险报销降低起付线 50%，享受待遇 99 人次，补偿金额 32.68 万元；财政兜底，享受待遇 93 人次，补助金额 29.57 万元；对 2018 年 5186 名建档立卡贫困人口参保的个人缴费部分进行资助，资助金额 53.94 万元。经多重保障后，建档立卡贫困人口住院费用实际报销平均比例达 93% 以上，医疗待遇保障水平有了显著提高。

（四）大力开展公共服务均等共享项目建设

2017 年印发了《武陵源区民本民生项目责任清单》，通过实施一批重点工程和政策，进一步改善基础设施条件，健全服务网络，提高服务能力，为城乡居民能够公平地享受基本公共服务夯实基础。

（1）保障性安居工程配套基础设施建设稳步推进。2017 年，武陵源区有序推进家坪安置区配套基础设施建设项目，武陵源区协合中学教师公租房配套基础设施建设项目，武陵源区景源雅居住宅小区配套基础设施建设项目，武陵源区中湖宋家边安置区配套基础设施建设项目，武陵源区文丰片区一、二期棚改安置区（古镇文苑住宅小区）配套基础设施建设项目五个项目，通过改善武陵源区各小区生活环境，提高了群众的生产水平和生活质量。

（2）有序推进社会事业项目。高云城市公园已建成投入使用，中湖鱼泉峪小学项目、索溪中心学校青少年校园足球场建设项目正在建设中，武陵源区公共职业技能实训中心项目、武陵源区索溪峪镇全民健身中心拟于 2018 年动工。武陵源区人民医院老年病专科楼建设项目、武陵源区妇幼保健院拟于 2018 年开工建设。锣鼓塔街道张家界社区老年人日间照料中心已完工，索溪峪街道迎宾路社区老年人日间照料中心正在建设中，预计 2018 年完工。

二、大力推进基本公共服务均等化

（一）坚持公平为先、质量为重，逐步推进基本公共教育服务均等化

（1）统筹城乡公共教育服务均等化。建立健全义务教育经费保障机制，制定城乡统一的义务教育学校建设标准、教职员编制标准、教职工工资标准和生均公用经费标准。推进中小学教育装备规范化建设，提高了义务教育学校教学仪器设备、体育艺术教学器材设备和图书资料配置率，加强实验室、功能室、图书室和卫生室建设，缩小城乡之间教育装备差距，生均装备达到城乡基本一致。完善城乡教师交流制度，继续实施"送教下乡"活动。推进师资均衡配置，多渠道扩充教师队伍，引导和鼓励高校毕业生到农村任教，健全城乡教师队伍交流机制。建立了农村教师岗位津贴制度，充分调动农村教师的工作积极性、主动性和创造性。确保农村教师实际收入水平略高于同级城市教师收入水平。全力营造农村教师长期留在农村工作的良好环境。深入实施教师绩效工资制度，建立完善重能力、重实绩、重贡献以及有利于优秀人才脱颖而出的分配激励机制。

（2）均衡区域公共教育服务水平。整合区内外乃至省内外教育资源，加强一线教师和教育管理干部的在职培训力度，创新教师培训培养机制，采取"引进来"和"走出去"相结合的培训模式，不断丰富培训方式方法。实行名师有约、名师授徒、名校进修，搭建教师培训培养大平台，不断提高教师队伍的教育教学水平和专业素养。加快学前教育发展。大力实施学前教育三年行动计划，积极促进普惠性幼儿园建设。三年来政府新建、改扩建幼儿园四所，尤其是农村中心幼儿园的新建和改造，使农村孩子和城市孩子一样享受到了优质的学前教育。全面落实教育惠民政策，实施"校车安全工程"，建立健全教育资助政策体系，实施农村义务教育阶段寄宿生营养改善工程，提高农村义务教育阶段寄宿生生活费补助标准，对农村义务教育阶段学校学生免费提供教科书，积极开展高校学生生源

地信用助学贷款工作。多措并举推进全市义务教育均衡发展。2016 年 10 月，武陵源区通过了义务教育均衡发展国家级评估验收。

（3）促进不同人群间公共教育服务均等化。将外来人员教育纳入全区基本公共教育服务范畴，进城务工人员随迁子女入读义务教育公办学校采取"同城待遇"。义务教育学校采取划片就近免试入学制度，义务教育学校不设重点校、重点班。高度重视残疾儿童少年的教育工作，构建随班就读工作服务体系，努力提高"三残"儿童入学率。

（二）深入推进城乡建设，缩小城乡差距

（1）市政建设方面，不断改善城市环境。区住建局深入推进基本公共服务均等共享，完善城乡功能布局，提升城市品位，努力为群众创造宜居宜闲、干净整洁的城市环境。近年来，陆续完成了教师村宿舍、高云公园、岩门商贸城、岩门小区、天马路及其滨河风光带、岩门大桥、城中村改造等一大批民生市政工程建设。2017 年，开工建设了岩门路网二、三、四街；建设完成岩门一街、五街、六街，武陵大道、未央路、玉泉路等城区市政道路"白改黑"提质改造工程；启动了中湖、天子山污水处理厂及其配套污水管网建设，索溪峪污水处理厂正在提质改造中。

（2）住房保障方面，不断优化人居环境。一是积极推进农村危房改造工作。近年来，武陵源区共实施农村危房改造涉及对象 23 村居共 2254 户（上级补助资金达 3570 万元，其中，中央补助资金 1723 万元，省级配套资金 1011.5 万元，区级配套资金达 835.5 万元）。并根据农村危房改造方式、建设标准、成本需求和补助对象自筹资金能力等不同情况，分类确定了不同档次的补助标准，其中重点帮扶对象最高补助标准达到 4 万~6 万元，一般帮扶对象最低补助标准为 3000元。二是积极推动精准扶贫"阳光院"建设工作。坚持"政府引导、严格审核、产权归公、免费入住、周转使用"的原则，在协合乡协合村（原土地峪村）投资修建了 20 套"阳光院"。

（3）村镇建设方面，不断缩小城乡差距。区住建局先后作为宝峰路社区、袁家界社区后盾单位开展城乡互助共建工作。一是与宝峰路社区互助共建。先后投入资金 30 余万元帮助宝峰路社区完成了 3 组污水管网建设、13 组人行道敷设、液化气站路段硬化、7 组污水管网敷设、家庭旅馆村和老居民区下水道 700 米维修等基础设施建设，改善了居民出行条件和生活环境，协助社区建设了一座高标准的社区管理和物业管理服务用房。二是与袁家界社区互助共建。持续在人居环境改善和景区环境保护上下功夫，截至 2018 年 4 月，已完成了社区 760 米入户便民道路和中坪的 700 米防火道硬化，很大程度上改善了社区的人居环境。同时，加大对居委会公办企业的扶持和投入，鼓励居民从事旅游服务工作，以社区主办企业为龙头，实现共同发展、互利共赢的局面。近三年来，社区总体收入近 1000 万元，每年人均纯收入达 5.34 万元，社区居民已基本达到小康水平。

（三）大力发展多元化、多层次、多类型的农业生产经营性服务

近年来，武陵源区以服务农业农民为根本，以普通农户和新型经营主体的生产经营需要为立足点，充分发挥公益性服务机构的引领带动作用，为农业生产产前、产中、产后全过程提供技术、政策、信息咨询等方面的服务，加快培育各类农业服务组织，大力发展多元化、多层次、多类型的农业生产经营性服务，推动多种形式适度规模经营，全面推进现代农业建设。

1. 出台农业规划，谋划全区农业产业发展

委托中国农业大学专家团队编制了《武陵源区生态旅游农业发展规划（2010~2020）》，对全区农业发展进行了战略定位，明确了总体布局和功能分区，以及重点建设领域和主要建设任务。

2. 出台扶持政策，培育壮大农业经营主体

2013 年以来，武陵源区政府连续 6 年出台了《武陵源区农业产业化发展奖扶办法》，对规模特色种养殖、农产品研发、营销等进行以奖代投，鼓励企业（合作组织、大户）扩大规模、提质升级、打造品牌、开拓市场。2013~2017 年，累计发放农业奖扶资金 1460 余万元，奖励对象达 250 余家次。

3. 积极开展农业服务，为农业生产提供指导

加强服务指导，确定 6 名农技专家，公开专业职称、手机号码等信息，负责来人来电对政策、信息、技术等的咨询；每年举办多期农村实用技术培训班，提高了农户科学种养水平。推进基层农技推广，2017 年为 100 户种植示范户发放肥料 45 吨、农膜 1.5 吨、农药 60 件，并组织技术人员对发放的农资物品的安全使用方法、科学利用技术等进行现场指导。完善农产品质量监管体系建设，完成了武陵源智慧农业信息平台一期建设，5 家试点企业实现了从种子到餐桌的全数据流程记录及追溯。

4. 实施农村环境综合整治，改善农业生产生活环境

大力推进农村环境综合整治，2017 年区财政投入资金 3005 万元，主要开

展公路沿线和集镇整治、路灯亮化、庭院整治及 6 个示范村的环境整治，实施整治项目 62 项，全区农村环境面貌大为改观。先后在双星、龙尾巴、李家岗、双文等村实施了农业面源污染防治工程，着力打造农村生产生活污水三级处理模式。

专栏 4-2 乡村振兴战略打造富裕、宜居、文化、幸福新索溪

索溪峪街道大力发展乡村振兴战略，推进基本公共服务均等共享，全力打造富裕、宜居、文化、幸福新索溪。

(1) 保障居民基本生存权。全年共完成"三员"转移就业培训 85 人，其中护林员 27 人、保洁员 36 人、公路养护员 22 人。举办了两次就业创业培训班。城镇转移劳动力就业完成任务的 103%，农村劳动力转移就业完成任务的 105%。"乖幺妹"土家织锦、田富村腊娥黄牛养殖等扶贫项目发挥重要作用，全年总共分红 27.24 万元。其中，乖幺妹土家织锦产业惠及 9 个村（居）533 人，共计分红 17.88 万元；田富村每年可从腊娥黄牛养殖合作社获得分红 5 万元。

(2) 公共卫生和基本医疗保障。健全了计划生育各类资料台账，宣传二孩政策、落实计生手术，巩固了计划生育成果。完成社会抚养费征收 20000 元，长效节育措施 60 例，孕前检查 51 对，共清查新流入人口 150 余人，并为每名流入人口建立了健康档案。完成麻疹疫苗查漏补种以及全街道精神病、高血压、结核病的入户随访和免费发药，为街道 800 名 7 岁以下儿童进行了免费体检。集中开展农村妇女"两癌"免费检查，辖区 431 人进行了免费检查。城乡居民大病保险及各项求助已按要求进行。

(3) 保障统筹项目建设。全年共铺排统筹整合资金项目 13 个，设计资金 755 万元。田富腊娥黄牛养殖基地、双星村旅游扶贫亮化、黄龙路（原铁厂村）社区居家养老中心、田富村田源牧业厂区排污、张清公路至金杜村公路加宽、双文村文庄四组水沟治理及护坎、田富村蔬菜基地、双星村三点建设、

双星村游步道三期、七九老兵药材种植基地等已完工且已预拨资金。双星村二组通组公路和黄龙路犀牛寨、梨子坪沿线民宿民俗风貌改造等项目正在实施之中。

（4）狠抓环境综合整治。街道集中采购了 2 台垃圾清运车、10 个垃圾斗、17 辆小型电动环保车，建成了 3 个污水处理系统、6 个垃圾池、4 个公厕。加大养殖污染治理，依法取缔禁养区内的 7 户养殖户，对限养区 16 户养殖户配套建设了粪便处理设施。落实了河长制工作，成立河长制工作领导小组，对河道实行了巡查制度，对非法渔猎、破坏河道行为及时制止。

（5）做好便民服务工作，推动居家养老。街道各村居、社区建设完善了便民服务场所，保障基本的体育建设娱乐场所、农家书屋等文化活动场所。2017 年，街道喻家嘴社区、黄龙路社区的居家养老服务中心已建成并投入使用；街道 2018 年在辖区敬老院安装了无障碍设施，共有床位 30 张，2018 年已完成验收。

（四）完善养老服务体系

（1）坚持城乡统筹，多轮驱动。一是抓社区养老服务建设。整合社区养老服务资源，为老年人提供医疗保健、文化娱乐、学习培训等方面需求。全区 18 个居委会中已建设社区日间照料中心、养老服务示范点、幸福院 10 家。二是抓农村养老服务。推动农村互助幸福院建设，全区 15 个行政村中有 12 个行政村建设了幸福院、养老服务示范点。三是抓敬老院建设。2016～2017 年全区新建、改扩建敬老院 3 家，2018 年还将建设一家公建民营小型养老院；切实落实敬老院管理运行经费，2017 年全区投入使用敬老院落实管理运行经费 72 万元。四是抓老年协会建设。全区城市老年协会 18 个，建会率 100%；农村老年协会 13 个，建会率 86%；80% 的基层老年协会每年开展为老服务和老年互助服务活动。

（2）坚持创新发展，典型引路。一是积极探索"互联网＋"的养老服务模式。二是积极探索"医养结合"的机构养老模式，鼓励医院拓展养老功能。全区 6 家养老机构均与定点医院合作，多形式地实现医养结合。

（3）坚持规范管理，提升服务水平。一是加强养老护理人才培养；二是加强养老机构安全监管；三是提升养老机构服务质量。

专栏 4-3 喻家嘴社区"三位一体"社区
公共服务社会化、精细化运营

近年来,索溪峪街道喻家嘴社区按照上级党委关于在城区开展"公共卫生服务、公共文体服务、全民终身教育、社会管理服务、劳动保障服务、城市配套设施"六进社区活动的要求,进一步推进社区基本公共服务,引进了张家界孝行天下养老有限公司民营企业;按要求改扩建了社区原办公楼,构建了以居家养老服务中心、智慧养老服务指挥中心、嵌入式社区机构养老"三位一体"的社区公共服务社会化、精细化运营格局。

一、目标与运作

根据社区共建资源无法共享、社区群众对服务有需求、党建联建基础有待完善的需求,确立了社区基本公共服务目标:整合社区丰富的共建资源,充分发挥党员干部在群众中的带头模范作用,打造一支服务型的党组织队伍,促进社区党总支部、共建单位党分支部、社区三方之间的互联互动;完成社区服务中心提质改造、社区卫生服务站标准化建设,打造15分钟生活服务圈;完善社区内的体育健身设施,创办社区大学,构建远程教育网络,建立一所以上的民营合格幼儿园;建设社会管理服务进社区办公服务用房,形成"社区办公室、文化活动中心、学习教育中心、居家养老服务中心、劳动保障服务中心"五位一体的公共服务活动场所,构建一个整合多方共建单位之间资源互通、互享、互联的平台,为社区居民提供优质的文、教、卫、娱、老少共托等服务,造福社区居民。

采取了"1+N"项目运作模式:党建引领,依托党的领导,贯彻党的群众路线,以党员为骨干;社区党总支部、共建单位党分支部、社区三方联动;再充分利用社区多个共建单位资源,激发社区党建新合力,着力建设社区服务型党组织,开展各项惠民服务,将公共服务落到实处,努力提升居民生活幸福感。落实民主集中制:每季度召开一次共建单位"协商议事会"。健全"集体领导、民主集中、个别酝酿、会议决定"的决策和议事制度,拓宽民主渠道,广泛集中民智。岗位认领制度:签订协议、健全公共服务机制。多元化服务：共建单位开展"入网格、访民情、解民忧"活动，践行"三严三实"，与社区居民"面对面、心连心、实打实"交流，为群众排忧解难，反映民生诉求，解决服务需求。

二、措施及成效

（1）项目创新。在工作创新上，把握坚持"以人为本、服务居民；因地制宜、分类推进；多元化投入、财政支持；资源共享、共建共驻"四条原则。一是创新组织设置，变松散疏漏为无缝覆盖。支部建在网格上，地域明晰，无缝覆盖，很好地解决了社会管理单元中党组织缺位和虚位的问题。二是创新管理格局，变关系管理为实有管理。在职党员成为社区建设和发展的有生力量。三是创新职责界定，变宽泛要求为精细定位。网格党支部对党员的要求，目标明确，任务具体，便于管理和考核。四是创新服务方式，变被动应付为主动服务。党员在网格中认岗领责后，主动联系群众，为群众排忧解难，大大增强履责意识和主动服务意识。五是创新监督体系，变单向模式为互动模式。网格党支部、党员的日常管理、公共服务单位接受组织和群众的双重监督和评价，建立健全有安排就有跟进、有奉献就有认可、有欠缺就有提醒的互动式监督管理模式。六是创新考核评价，变主观随意为客观公正。对网格党支部、党员和服务机构的考评，通过信息化平台，动态管理、科学有序、公开公平。

（2）取得的成效。通过以上措施，取得了一定的效果，呈现出一定的特色。2017年喻家嘴社区居家养老服务中心开展了以下服务内容：年度中心老人签到服务30449人/次；为社区老年人提供免费理发、缝补、健康检查、手机应用、理疗设备体验、生活物资配送等惠民服务；建立了老年人健康档案，免费为社区老人测量血压、心率等日常体检；开展健康讲座12场，科普、安全讲座4场；组织社区老人活动22次，参与人数共计90多人；组织了日间照料中心、开创老年创客、四点半学堂、志愿者时间银行等服务；解决社区居民就业17人，残疾人就业2名，五保户养老2名，低保养老1名。

三、加大基本公共服务资金保障力度

（一）加大金融支持力度，助推基本公共服务均等共享

（1）坚持融资引领，助力项目实施。近年来，武陵源区为加快区域经济发展、旅游提质、改善民生，多渠道筹措资金，加大投资力度，对公共服务均等共享等项目起到了积极的推动作用。特别是全面实施的城区改造、景区提质、移民搬迁、生态治理等一批重点基础设施建设项目，以及棚户区改造、城中村改造、学校建设等民生项目。截至 2018 年，全区有两个融资平台公司，其中，区交发公司授信额度达 7 亿元，贷款余额 6000 多万元，区旅游产业公司授信额度达 76.92 亿元，贷款余额 38.60 亿元。

（2）加强政银合作，助力脱贫攻坚。2016 年，武陵源区作为湖南省率先实现整区脱贫区县之一，金融扶贫发挥了至关重要的作用。区农商行、农业银行及邮储银行定期到金融扶贫服务站开展服务，积极开发"扶贫小额贷款""旅游贷"等特色金融产品，帮助贫困户创收增收。截至 2017 年 12 月，两年发放扶贫小额贷款 543 户共 1887 万元，建档立卡贫困户扶贫小额信贷获得率为 35.7%，户均贷款额达到 1.24 万元，均高于湖南省平均指标数。建立风险补偿金 340 万元，符合按照贷款余额 1∶10 比例建立风险补偿金要求，暂无不良贷款记录。

（3）改善金融服务，助力普惠金融。近年来，武陵源区致力于在社会保障、便民缴费、生活消费、助农服务等民生服务领域提供便捷、高效的金融产品和综合服务体系，包括"惠保障""惠缴费""惠消费""惠助农"等"惠民金融"服务方案，构建起支农、惠农、便农的绿色通道，使广大农村居民共享普惠金融。在乡（街道）、村居布放了 51 个代理点，基本实现代理点全覆盖；在行政村建设金融服务站 14 个、银行卡助农取款服务点 20 个；在乡（街道）安装了各种助农 POS 机 337 台、惠富通机具 15 部；为方便个体业主收付款安装了中银商户通机具 119 台。将金融服务延伸至取现、转账、汇款、查询、存折补登、结汇、定活互转、缴费等金融产品，极大地方便了农村居民和游客的生活。

（二）加大财政投入，保障改善民生

2017 年全区民生支出达 7.14 亿元，占公共财政支出的 61%。着力解决了群众关心的一批热点、难点、焦点问题，民生事业基础进一步夯实。

（1）大力支持教育强区战略，促进教育公平、均衡发展。2017年全区教育支出10254万元，文化体育与传媒支出2381万元。全面落实教育惠民政策，据统计，免除教材费、学杂费、作业本费和教辅资料费共220万元，发放困难学生住宿补助、奖学金补助共70.64万元，阳光助学200万元，受益学生达2828人次。此外，2017年武陵源区投入近1727万元到学校基础设施建设中，集中推进农村薄弱学校改造、城区中小学提质改造、公办幼儿园、农村教师公租房等建设。

（2）进一步加大"三农"投入力度。2017年，武陵源区投入1.6亿元资金围绕服务旅游转方式、调结构、强基础、兴产业，打造特色农业，大力建设美丽乡村，发展乡村旅游，不断加大农村基础设施建设，完善农村水、电、路、房等基础设施，助推农村产业发展。

（3）促进就业和社会保障制度进一步完善。2017年，共发放各项养老、支付医疗保险金等各项社会保障支出13733.62万元，主要包括城乡低保1627.35万元、企业养老1134.75万元、城乡居民养老金765万元、机关事业单位养老2917.05万元、城镇职工及城乡居民基本医疗5714.96万元、工伤保险163.93万元、失业保险201万元、生育保险114.1万元、就业资金890.48万元、城乡医疗救助205万元。同时，加大社保基金征管力度，各项社会保险基金运行安全并有一定的结余，社会保障、社会救助进一步加强。

（4）集中财力、物力，抓好住房保障工作。截至2017年底，全区共有保障房602套，城市棚户区改造2708户，其中拆迁改造1722户，旧城区综合整治改造986户，群众居住难问题进一步得到解决。

（三）贯彻落实各项税费优惠减免政策

地税部门坚决贯彻落实国务院和国家税务总局的各项税费优惠减免政策，为提供基本公共服务的企事业单位及个人减少负担。主要是减免提供基本公共服务的企事业单位及个人的税费，其中包括医疗行业（含非营利性医疗机构、疾病控制中心及妇幼保健机构等）、教育行业（含中学、小学和幼儿园）非营利收入免征各项税收，自用的房产、土地、车船免征房产税、城镇土地使用税和车船税。养老行业对占用耕地的免征耕地占用税。公共交通行业基础设施用地（含公交站、停车场）免征房产税和土地使用税，公路线路占用耕地减按每平方米2元的税额征收耕地占用税。对经营公共租赁住房所取得的租金收入，免征增值税；对经营公共租赁住房免征房产税和土地使用税；对公共租赁住房经营管理单位免征建设、管理公共租赁住房涉及的印花税等。同时，保证税收任务及时足额入库，为推进基本公共服务均等共享提供财力保障。

四、大力推进生态普惠

（一）不断强化生态环保

自 2015 年开展创建国家森林城市、省级园林城市以来，武陵源区明确了推进绿化基本公共服务的思路：构建以绿色为背景，形成水岸绿化特色明显、道路绿化整齐贯通、公园绿地分布合理、庭院绿化一院一景、节点绿化耳目一新、周边山地色彩斑斓的城市绿化景观。

（1）树立"保护第一"的观念。区委、区政府将森林保护作为第一大事来抓，始终坚持"三个不变"：严格保护森林的工作方针不变、保护森林的工作力度不变、不以牺牲环境换取一时发展的决心不变。

（2）实施森林综合治理保护工程。出台了《关于武陵源核心景区实行禁伐的通告》，对核心景区及其周边和公路沿线 36 万亩林地全部纳入禁伐保护范围；建立了 200 多人的森林专业保护队伍；加强农村能源建设，补贴推广使用节柴灶、沼气、太阳能。

（3）全面实施绿化提质九大工程。近年来，武陵源区按照"大范围覆盖、大力度推进、大手笔投入、大幅度提质"的总要求，共投入 7000 多万元，实施了城区绿化、通道绿化、水岸绿化、镇村绿化、生态恢复、荒山绿化、生态保护、林业产业、森林文化九大工程，努力实现森林生态成果人人共享。截至 2018 年，全区森林覆盖率达 85.32%，核心景区高达 98% 以上，被誉为"天然的氧吧"；建成了以高云公园、天马路绿化工程为代表的 9 处城市公园，9 家单位被授予省级园林单位，24 家单位被授予市级园林单位。城镇建成区绿地面积 136.36 公顷，绿地率 42.21%，绿化覆盖率 44.74%，人均拥有公共绿地面积超过 11 平方米。道路绿化率达 90% 以上，河（库）岸绿化率达 88%，农村集镇绿化覆盖率达 40% 以上，古树名木保护率达 100%。

（4）大力弘扬林业生态文化。武陵源区已连续举办 17 届"森保节"，让森林文化深入人心；推出了"森林文化科普游"，使游客更深层次地了解到保护森林的意义；制作了《梦萦张家界》《魅力湘西》等反映环保和生态的文艺作品，引导广大群众和游客积极参与生态文化建设，以生态文化助推生态保护，自觉维护这片森林绿色。

（二）重点提升水利服务水平

（1）着力推进武陵源区城乡供水一体化项目。近十余年来，武陵源区旅游资源不断开发，旅游业及相关产业得到迅速发展，给武陵源区的用水提出了更高的需求。根据《湖南省人民政府关于〈湖南省农村饮水安全巩固提升工程"十三五"规划〉的批复》（湘政函〔2016〕58号），按照城乡供水一体化、区域供水规模化、工程建管专业化的要求，武陵源区于2017年6月编制完成了《武陵源区农村饮水巩固提升工程"十三五"实施方案》，科学确定区域供水供给范围。项目的实施将对解决武陵源区城乡居民用水、保障区域安全用水具有重大意义。

（2）有序推进"河长制"工作。自全面推行"河长制"工作以来，武陵源区严格按照省市全面推行"河长制"的要求完成了全区河流的调查摸底工作。拟订了《武陵源区全面推行河长制工作方案》，以索溪河综合治理和金鞭溪生态补水为重点，以保护水资源、防治水污染、改善水环境、修复水生态为主要任务，正确处理河湖保护与开发利用关系的关系，促进河湖休养生息，维护河湖生态功能，并坚持问题导向，因地制宜，立足实际，实行"一河一策""一库一策"，解决好河湖管理保护的突出问题，保障治理长远效果。

（3）防汛抗旱工作常抓不懈。自开展防汛抗旱工作以来，区委、区政府自上而下高度重视防汛抗旱工作。以严格防汛工作纪律要求为切入点，建立常态化督查机制，强化违纪问责处理，确保政令畅通，确保值班值守到位。为保障防汛抗旱工作的推进，区财政足额保证防汛抗灾工作需要。近几年来，武陵源区防汛抗灾软硬件建设取得长足进步，特别是山洪灾害防治非工程措施项目建设，为全区防汛抗灾工作提供了有力的科技支撑。

五、以改革强化政府服务功能

（一）全面推进商事制度和"放管服"改革

根据国务院《"十三五"推进基本公共服务均等化规划》，武陵源区积极落实商事制度和"放管服"改革，降低市场准入门槛，让公民均等共享创业基本公共服务，促进大众创业、万众创新。2017年，区政府办下发《武陵源区商事制度改革工作实施方案》，成立商事制度改革领导小组，并加强对商事制度改革进行广泛宣传。

（1）稳步推进商事制度改革各项工作。通过放宽对市场主体准入的管制，降低准入门槛，优化营商环境，激发市场主体活力，推动市场主体快速发展。一是实行注册资本认缴制度。二是由"先证后照"改为实行"先照后证"登记制度。三是放宽市场主体住所（经营场所）登记条件。四是推行简易注销。通过上述改革措施，市场主体数量大幅度上升，2016年，新增企业189户、个体工商户792户，较2015年分别增长67%、30%。2017年，新设立企业249户，同比增长11.2%；新设立个体工商户807户，同比增长4%。

全面落实"五证合一""两证整合""多证合一"改革。截至2018年，发放"五证合一"营业执照352张，"两证整合"营业执照1414张。2017年已全面启动"多证合一"（30证合一）营业执照的发放工作，并发放"多证合一"营业执照209张。全面推进电子营业执照及企业登记全程电子化工作。截至2018年4月，工商分局已核发3户全程电子化申请的营业执照。全面推行企业名称自主申报登记管理改革。

（2）强化服务，促进工商注册便利化。一是大力推进"最多跑一次"改革，让群众少跑腿，切实提升群众和企业的获得感。2018年5月前建立"最多跑一次"事项清单，实现公布实施的清单内事项"最多跑一次"甚至"一次不用跑"就能办理完成。二是增设办事窗口。将个体工商的登记权限下放至工商所，方便群众办事。现有索溪峪工商所、天子山工商所、张家界工商所、中湖市场监督管理所，个体工商户的登记均可在这四个所办理，企业注册统一在行政许可大厅办理。三是强化国家企业信用信息公示系统（湖南）的应用，方便查询市场主体信息。逐步实现工商部门、审批部门、行业主管部门及其他部门之间的信息实时传递和无障碍交换，提高全区范围内市场主体信用信息交换共享的信息化水平。所有公民和组织都可以通过这个平台查询所有市场主体的相关登记信息和信用信息。2017年，累计公示1722条信息，其中行政许可信息1568条，行政处罚信息99条，检查抽查信息55条。共接待群众查询900余次，出具企业信用报告300余人次，向公检法出具企业信息74次。

（二）推进覆盖城乡居民的公共法律服务体系建设

（1）落实"谁执法，谁普法"制度，建立各部门行业普法骨干队伍。充实基层人民调解工作力量，按一定的人口比例配置专职人民调解员。全区每个乡镇（街道）人民调解组织专职人民调解员不少于2名，每个行业性、专业性人民调解组织专职人民调解员不少于 3 名，每个区联合人民调解组织人民调解员不少于 5 名，每个村（社区）人民调解组织有 1 名相对固定的人民调解员。

（2）建好公共法律服务实体平台。依托司法行政机关业务用房，全面建成区公共法律服务中心；乡镇（街道）司法所和村（社区）综治中心、活动中心、便民服务中心或人民调解室，全面建成公共法律服务工作站点。截至 2018 年，武陵源区共建立公共法律服务中心 1 个，公共法律服务站 6 个，公共法律服务点 30 个。乡镇公共法律服务站建成率达 100%，村（居）公共法律服务工作点建成率 91%。统一了中心、站、点的标识，完善了服务工作站点的内务台账，在驻法院工作站安排了律师驻院值班，确保站点的工作职能得到发挥，将工作落到了实处。

（3）落实惠民法律援助。严格执行法律援助事项范围和经济困难标准，规范法律援助申请、受理、审查、指派、承办等事项流程。综合运用案件回访、庭审旁听、案卷质量评查等方式强化案件质量监管，提高办案质量。2017 年，法律援助中心接待来访来电咨询 260 余人次，代写法律文书 50 余份，援助案件 75 件，其中民事案件 66 件，刑事案件 9 件。涉及人群包括未成年人、残疾人、妇女、农民工等弱势群体，为受援人挽回经济损失共计 200 余万元，已全部执行到位。

（4）创新法律服务模式，旅游速裁法庭再升级。一是在全国率先成立"旅游速裁法庭"。坚持"效率上快、程序上简、收费上免、方式上调"的原则，建立电话、接访、上门、巡回等多种途径的立案机制；实行 24 小时全天候值班制度，将工作重心进一步向景区转移，实现节假日巡回办案的常态化，对受理纠纷实行"当天立案、当天结案、当天执兑"。2017 年共接受游客咨询 200 余次，受理旅游纠纷 50 起，均现场结案并执行到位。二是开通网上旅游速裁法庭。在各大景区景点树立 14 块旅游速裁法庭公示牌，依托微信公众平台建立了旅游速裁法庭微信在线调解室，10 名法官 24 小时在线受理纠纷、接受咨询，已通过在线调解室成功调解旅游纠纷 10 余起，均当场执结兑现。

第三节　武陵源区推进基本公共服务均等共享面临的问题与对策建议

一、面临的问题

（一）基本公共服务能力和质量有待提升

（1）劳动力供需存在结构性矛盾。当前就业工作呈用工单位的就业渠道、就业方式多元化的特点。一般劳动力数量虽大但素质不高，难以满足多元化的岗位需求。尤其就业困难人员、农村劳动力等群体由于自身条件而缺乏就业竞争力，难以适应日益繁重多变的就业服务需求，距离公共服务均等化和劳动者的期望还有一定差距。

（2）财政投入和融资压力大。一是武陵源因旅游建区，面临着景区提质升级、移民搬迁、城区改造建设、景区交通、乡村道路等重大建设投入，文化教育、医疗卫生、社会保障、环境保护、生态治理等都需大量资金投入，因本级财政资金有限，融资压力较大。普惠金融的深层次供需矛盾短时间内难以解决。中小微企业融资难、融资贵的问题依然突出。二是城市建设任务重，财政债务包袱重。2017年，区政府性债务19.12亿元，年利息0.6亿元。债务率过高，还本付息压力大。三是本级财政对城乡居民、机关事业养老保险、城乡居民医疗保险投入不断加大，各项补贴需及时足额发放到位。随着中央和省对城乡居民、机关事业退休职工养老保险、城乡居民医疗保险的发放和配套的标准不断提高，本级财政刚性支出不断增加，财政增速放缓，财政对养老、医疗的补贴压力和困难不断增大，需要中央和省级加大转移支付力度。

（3）公共卫生服务质量有待提高。一是由于各基层卫计单位的条件限制，体检项目不到位，有些体检项目难以按规范要求完全落实。健康档案存在内容不完整、记录不翔实等情况。二是流动人口规范管理有难度。由于武陵源区地理位置和环境特殊，导致服务人口流动性大，部分老年人、孕产妇、儿童难以管理，随访工作难度大。三是公共卫生服务人员严重缺乏。由于基层医疗卫计单位人员不足，导致很多单位难以安排专人从事基本公共卫生服务项目工作，大部分医护人员身兼数职，难以专心地做好基本公共卫生服务工作。四是村级力量比较薄弱。村医缺乏，参加村医培养的人员暂时到位的比较少，并且部分村医年龄偏大，从事公共卫生服务力不从心。由于知识老化，现代化、信息化知识贫乏，计算机操作困难以及身体状况而难以胜任。

（4）医疗保障制度发展不平衡、不充分。一是医疗需求与基金供给的不平衡。随着参保人群的医疗需求逐步释放，医疗需求和基金的支付能力不对等。就诊和住院人次增加、追求更好的医疗服务、新技术和新药品的临床应用增加，造成医药费用过快增长，基金收支难以实现平衡。二是城乡居民医保和职工医保的不平衡。城乡居民医保筹资以政府为主、个人为辅，人均筹资水平只有职工医保的 2/5，却要保障大于职工医保 5 倍以上人口的医疗需求，挑战十分严峻。三是"保基本"和"多层次"的不平衡。保基本比较单一，多层次比较丰富。近几年的状况是基本保障负重前行，多层次保障进展缓慢，不能形成相互协调配合的保障合力，不能满足参保群众多元化、个性化需求。四是保障体制、医疗资源配置与医疗服务供给体系的不平衡。不同群体的保障范围、保障方式、保障水平、保证质量不一。大医院与基层医疗机构之间的差距过大。五是医保事业的发展和医保治理能力本身的不平衡。医保经办机构力量薄弱，自身革新力度不强，治理能力欠缺，信息化水平不高，不能适应科学化、精准化、人性化管理服务的需要。

（5）公共法律服务不足。公共法律服务中心和站点存在专业人员配置不齐等问题。武陵源区因人口基数少，从事公共法律服务工作的人员相对较少，难以满足群众的法律服务需求。

（二）养老面临严峻挑战

（1）养老保险保障水平低，政策激励性不强。城镇居民养老保险保障水平与群众期盼还有一定的差距。现行城乡居民能领到的基础养老金每月只有 80 元，对农村居民能起到一定的作用，但对城镇居民养老的保障作用不大，跟城镇企业职工养老保险待遇相比还有较大差距。在经济增速较快和物价上涨的背景下，待遇标准相对较低，造成了对部分中青年人吸引力不强，参保意愿不高。

（2）养老服务发展缓慢。社区居家养老服务相比机构养老发展要慢，失能、失智、空巢老年人难以获得良好的居家养老照顾。民办养老投资长、见效慢。养老服务从业人员短缺、专业化水平低。社会助老爱老意识还需提升。新型养老产品有待发展。武陵源区森林康养项目尚处于起步阶段，全区有公益性养老院4家、社会型养老院1家，正在积极筹办的森林康养基地2家。如何把健康、疗养、康复和森林旅游相结合，推进新型养老产品，是未来需要努力发展的方向。

（三）城乡发展差距依然较大

（1）农业生产服务单一，农村集体经济薄弱。武陵源区农业生产服务以政府及主管部门公益性服务为主，企业、社会组织参与度不高，服务内容较为单一，侧重于政策、技术服务，农业信息、金融、劳务等服务不够。村级集体经济薄弱。部分村集体经济主要依靠生态公益林补偿资金有所收益；除依托景区收取租金外，基本没有集体经济收入，基层干部工资及其他运转经费严重不足。缺少村级有效规划。辖区内重点工程和项目拆迁多，均无明确的发展定位和详细规划。

（2）项目建设城乡发展不均衡。城乡区域间资源配置不均衡，硬件软件不协调，服务水平差异较大；基层设施不足和利用不够并存，人才短缺严重；一些服务项目存在覆盖盲区，尚未有效惠及全部流动人口和困难群体；体制机制创新滞后，社会力量参与不足。

二、进一步推进基本公共服务均等共享的对策建议

坚持"保民生、保重点、搞建设、谋发展"的理念，坚持创新发展，完善制度体系；坚持统筹协调发展，促进城乡一体；坚持共享发展，提升民生幸福。坚持全民共享、全面共享、共建共享、渐进共享，加快推进基本公共服务均等共享。一是提高供给能力。做好公共财政预算支出的统筹协调，优化支出结构，提升基本公共服务供给能力。二是提高服务能力。提高社会公众享有基本公共服务的能力，提高公众对公共服务的选择能力，增加就业，提高困难群体公共服务的购买力。三是提高质量。近年来，城区基本公共服务资源日趋完善，乡、街道、村（居）基本公共服务资源仍然非常有限，且没有被集中利用，极大地影响着基本公共服务质量。在逐年加大农村基本公共服务均等共享方面资金投入的同时，考虑集中利用农村现有的基本公共服务资源。四是提高满意度。转变公共服务方式，提高公众幸福指数和满意度，基本公共服务才会趋向均等。健全公众基本公共服务均等共享评价体系。

（一）强化政府在基本公共服务供给中的主导作用

（1）做好劳务协作转移就业工作。一是把就业技能培训作为实现就业的有力抓手，从劳动力群体的实际需求出发开展有针对性的培训计划，切实提高劳动者的劳动素质和技能水平。二是充分发挥第三方企业的作用，继续与蓝思科技等企业开展合作，达成定向的劳务输出合作协议，积极带动农村贫困劳动力技能就业。三是进一步提升培训针对性。不断提高技能培训的针对性和有效性。加强培训基地和培训师资队伍建设，充分发挥培训师资作用，完善培训模式，扩大培训范围，规范培训标准，提高培训质量，强化培训工作与落实优惠政策的整体联动工作模式，建立满足城乡各类劳动者培训体系。

（2）加强保障，提高基本公共卫生服务质量。一是从设施设备上提供保障，争取资金配备相关的医疗器械，建立全面、系统的服务体系。二是全面做实计划生育服务工作，健全计划生育利益导向机制，提升长效节育措施落实率，全面落实免费婚检、免费产前检查、免费儿童营养包等国家对孕妇、儿童的各项惠民政策。抓好农民健康建档立卡、接种免疫、妇幼保健、食品卫生等工作，促进公共卫生安全。三是加强人才的培养，加大对区、乡、村三级人才培养，逐步减轻基层医疗卫计单位人员不足的局面。四是加强村级卫生室的建设。使村卫生室能够真正承担起基层公共卫生服务项目。五是以规范为要求，按照规范要求开展基本公共卫生服务项目。加强对基本公卫人员的技术培训，使其掌握各乡技术规范，在落实基本公共卫生服务项目工作中能够得心应手。六是提高服务质量。完善服务、考核体系，提高项目执行力，落实项目要求，提高工作质量。

（3）加强推进社会养老服体系建设。一是大力推进居家和社区养老服务。争项目、引资金、建阵地、抓服务，加强养老服务机构建设，完善居家养老服务网络。依托社区服务中心（站），建设老年人日间照料中心、老年人活动中心、互助式养老服务中心等社区养老设施，大力推动老年膳食供应、医疗卫生、康复护理、文体娱乐、信息咨询、老年教育等专业化服务项目开展。二是启动医养试点。鼓励养老机构内设医疗机构，把医保纳入养老机构。社区卫生服务中心、社区卫生服务站要建立健全老年医疗保健服务体系，加强老年卫生工作，增加服务项目，为社区居家老年人提供预防、医疗、护理、康复等多种服务。三是加强队伍建设。引导和鼓励养老服务从业人员加强老年服务与管理、社会工作、护理专业等养老服务专业知识和职业技能培训，提高养老服务人员和管理人员的持证上岗率，逐步壮大养老服务队伍。

（4）加快建成覆盖城乡的公共法律服务体系。按照党委领导、政府主导、城乡统筹、因地制宜的原则，全面推进公共法律服务体系建设，至 2020 年基本建成符合区情、覆盖城乡、优质便捷的公共法律服务体系。一是进一步完善公共法律服务网络。建成市、区县二级公共法律服务中心并接入全省统一的公共法律服务网络平台，建成乡镇（街道）、村（社区）工作站点并有效运行。建设公共法律服务资源强区，通过资源整合和制度创新，有效缓解法律服务的资源短缺问题，提高公共法律服务普惠、均等化水平。二是进一步提升公共法律服务能力。进一步拓展服务领域，丰富和优化服务产品，健全经费保障机制，使服务标准化、规范化、专业化水平明显提高。三是进一步增强人民群众公共法律服务获得感。进一步形成全社会学法、尊法、守法的法治风尚，营造办事依法、遇事找法、解决问题用法、化解矛盾靠法的良好环境，使城乡居民能够方便快捷地获得公共法律服务。

（二）确保发展基本公共服务资金保障

（1）加强财税征管，狠抓财政收入。充分发挥组织收入的牵头作用，加强对财政经济形势的分析研判。协调督促国税、地税部门加强税收征管，在严征细管上出实招，求实效，尤其要深挖征收潜力，加大对重点税源的管控，对重点工程、重点项目、历年欠税清收等方面下功夫。全面规范非税收入管理，严格做到依法征收、颗粒归仓。同时，通过抓收入、旅游、项目、清欠、向上争取项目资金及管理等措施，确保实现财政收入目标。

（2）积极争资立项。及时跟踪研究中央、省、市政策，主动把握投资重点，找准区域经济与国家政策的契合点，积极协调相关部门做好项目谋划、筛选、申报工作，继续努力争取上级政策特别是"特惠制"政策支持，为武陵源区经济发展提供强有力的资金支持。

（3）厉行勤俭节约。坚决落实"三公"经费只减不增政策，坚决贯彻厉行节约各项规定，不断巩固厉行节约成果。进一步控制一般行政性支出，将更多财政资金投入民生、扶贫和景区体制改革等领域，确保扶贫攻坚任务得到强有力的资金保障。

（4）积极盘活存量资金。严格执行上级关于结余结转资金统筹的相关规定，严查财政项目资金。对部门结余资金以及 2 年以上结转资金，收回预算由政府统筹安排使用，重点用于民生改善、公共服务、基础设施等方面，切实提高财政资金使用效益。

（5）加强政府性债务管理。加强政府部门单位和事业单位债务管理，严格控制政府性债务新增规模，积极主动对上争取，通过债务置换减轻本级债务利息负担，改善债务结构，化解债务风险和压力。加大财政对政府平台公司的监管和国有资产经营绩效考核的力度，对融资平台公司的债务规模和风险要进行跟踪和监督，避免其转化为政府性债务风险。武陵源区债务率高，还本付息压力大，且存在违规举债行为。建议切实加强整改，防范和化解债务风险，推动融资平台公司市场化转型，坚决遏制融资平台公司隐性债务快速膨胀的势头，大力推广政府与社会资本合作。

（6）建立工作长效机制，加强部门联动。积极调整财政支出结构，加大对民生和社会事业投入。同时，注重发挥市场机制作用，调动社会、民间等多方面参与公共服务的积极性，形成强大工作合力。公共服务涉及科、教、文、卫、就业、保险等多个领域，各职能部门应在制订行业规划的同时，进行统一布局，协同合作，实现资源利用效益最大化，促进基本公共服务均等化可持续发展。

（三）全面实施乡村振兴战略

制订好村级发展规划，积极争取扶贫统筹整合资金项目落户街道，鼓励各村注册成立公司或合作社，因地制宜发展乡村旅游、劳务经济等产业，让农户通过经营、租赁、入股等形式获得收益，进一步增加基层组织经济活力。

（1）积极探索新型农业社会化服务体系。积极探索建立公益性服务和经营性服务相结合、专项服务和综合服务相协调的新型农业社会化服务体系，加快农业专业合作组织建设，鼓励涉农企业参与农业社会化服务，成立农业投资、担保公司等，加强农业科技、金融、信息等方面的服务，不断促进农业服务主体的多元化、服务内容的丰富化。

（2）加快推进乡村旅游，大力发展森林生态旅游。一是通过大力实施乡村振兴战略带动乡村旅游，重点把乡村综合环境改善、农户家庭绿化搞好，打造一批乡村旅游示范点及秀美村庄、绿化家庭、美丽通道。逐步实现城乡绿化、美化、亮化一体化，增强绿化基本公共服务，真正达到绿化公共服务优化、生态成果人人共享的目标。二是围绕森林生态，大力发展乡村民宿、房车、帐篷营地、森林运动、森林康养、果园酒庄、产品加工作坊等新的旅游产品。三是推进延伸采摘、游戏、探险、民俗等森林生态旅游线路。

（3）完善政银企联席制度，着力解决小微企业融资难问题。鼓励商业银行开展"公司＋基地＋农户"贷款和"订单农业"贷款，解决农业产业化经营对信贷资金的中小规模需求。引导邮政储蓄资金回流农村，扩大"三农"信贷资金来源，积极支持邮政储蓄银行通过多种方式积极扩大涉农业务范围，充分利用邮政储蓄银行点多面广的优势，建立符合"三农"需求特点的零售业务经营体系。同时，摸索建立多主体、多形式的担保机构，针对农户和中小企业的实际情况，实施多种担保方法，切实解决农户和中小企业贷款担保难的问题。

第五章　桃源县：积极探索农业大县的基本公共服务均等化之路

推动城乡和区域基本公共服务均等化，不仅是实现城乡和区域协调发展的重要举措，更是实现共享发展的重要内容。桃源县作为农业大县，近年来经济实力不断提升，社会事业和政府服务水平不断提高。总体来看，桃源县在推动公共服务方面，注重规划引领，以重大项目带动基本公共服务均等共享，将一批公共服务项目列入市县重点工程建设范畴，在常德市率先实施农村综合服务平台项目，并利用综合服务平台开展"智慧党建平台三务合一试点"，实现了党务、政务、商务三务合一。从各项措施来看，首先，加大政府购买公共服务，政府融资进行棚户区改造，创新公共服务模式，在环境污染治理方面运用PPP模式进行融资。其次，优化营商环境，进一步深化商事制度改革，加强事中事后监管，营造更加便捷高效的准入环境和公平公正的竞争环境，提供高效许可服务，促进了桃源县地区的创新创业。最后，在社会公共事务方面，桃源县建立了公共法律中心，进一步加大了普法力度；同时增加教育投入，提高了教育质量；同时，综合运用多种措施，帮助贫困地区脱贫；推进农业社会化服务，培训新型职业农民；有效推进医疗和养老服务；文化基础设施进一步完善，农村环境污染整治成效显著，桃源县农业农村基本公共服务均等化稳步推进。同时，桃源县地区也存在城乡之间基本公共服务存在较大差距，市场监管公共服务支持力度不足，农村学校教育落后，家庭教育缺失，基本医疗、养老投入力度不足，农村基本公共服务供给与现代化农业需要不匹配等问题。因此，需要进一步加大对公共事业服务的支持力度，促进社会资本投资公共服务事业，特别是加大对基层公共服务事业的扶持力度。同时，需要继续深化体制机制改革，创造良好的营商环境。进一步加大法律宣传力度，提高公共法律服务水平。提升文化公共服务水平，促进文化产业发展。进一步加大教育、医疗和养老的投入力度，促进城市和乡村基本公共服务均等化的实现。

第一节 桃源县基本情况

桃源县位于湖南省西北部，县域面积 4441.22 平方千米，其县域在湖南省县（市）中居第四位。其中，耕地面积为 134.29 万亩，在全省县（市）中居第一位。桃源县人口 97.6 万，其中，农业人口 84 万，非农业人口 13.6 万；人口中以汉族为主，有回族、维吾尔族、土家族等 12 个少数民族。桃源地理自然条件优越，物产资源丰富，对发展农业、工业商业和旅游等具有很好的资源禀赋。

2017 年，桃源县在"开放强市产业立市"战略的引领下，大力推进"六大会战"，完成地区生产总值 338.7 亿元，增长 8.9%；一般公共预算收入突破 20 亿元，增长 21.5%；固定资产投资达 265 亿元，增长 16%；社会消费品零售总额达 164.5 亿元，增长 11%；城乡居民人均可支配收入分别达 27645 元、13425 元，增长 9%、9.5%。桃源县主要经济指标增速高于省市平均水平，为经济社会发展做出了重要贡献，较好完成了目标任务，为全面建成小康社会奠定了坚实基础。

一、经济实力不断提升

（一）着力调结构、提级次，产业基础得到进一步夯实

（1）新型工业加速推进。2017 年，桃源县完成规模工业产值 282 亿元、增加值 61.5 亿元，分别增长 29.4%、10%。园区完成水电路气等基础建设投入 13 亿元，承载能力得到提升；开工亿元以上工业项目 23 个，迪文科技二期、三特机械二期、辣妹子二期、长笛龙吟一期等重大项目建成投产，新增规模企业 21 家，湖南省铝循环再生产业园落户桃源，创元新材料成功重组投产；新增高新技术企业 7 家，高新技术产业产值达 150 亿元，增长 20.3%，成功创建"省级高新技术产业开发区"。

（2）现代农业步伐加快。粮棉油等大宗农产品生产保持稳定，农村第一、第二、第三产业融合发展试点加快推进，再次获评"全省粮食生产标兵县"。新增家庭农场 80 家、农民合作社 155 家、市级以上龙头企业 7 家、"三品一标"认

证25个，"钱缘"商标被评为常德市首届十大农产品品牌，"桃源红茶"入选湖南十大农业品牌。出台加快富硒功能农业发展的意见，获得了全国唯一的"中国硒乡""中国富硒稻米之乡"称号。

（3）现代服务业活力增强。出台促进文化旅游产业发展的意见，枫林花海、沅江风光带、热市温德姆温泉度假酒店等项目加快推进，夷望溪成功创建国家AAA级景区，百尼茶庵茶叶公司成为省级工业旅游示范点，游客接待量、旅游综合收入分别增长17%、10.3%。湘淮村镇银行正式营业，省"农信担"分公司、华融湘江银行、兴业银行落户桃源，金融机构存贷款余额分别增长25%、43.4%。商贸、物流、电商、房地产等行业加快发展。

（二）着力抓改革、促开放，发展活力得到进一步释放

（1）扎实推进重点改革。"放管服"、税收征管、公立医院、公共资源交易管理体制、国资监管体制、商事制度等改革取得实效。供销社、农村集体土地确权颁证、陬市镇扩权强镇试点等改革稳步推进，集体林权制度改革获得全国先进称号。园区"一权两制一司"改革不断深化，木塘垸乡撤乡设镇、漳江镇"撤镇设办"正式获批。

（2）深入开展开放合作。大力实施"回雁工程"，成功组织"桃商恳谈会""红茶品茶周""富硒博览会"、桃源第一中学建校110周年校友联谊会、全国生态养殖技术创新大会，积极参加"港洽周""中部农业博览会""常德品牌行"等活动，先后引进马来西亚齐力集团、中信集团、湖南黄金集团、红星美凯龙等战略投资者，全年到位资金85亿元，增长16%。进出口总额突破1亿美元，增长13%。

（3）有效激活发展要素。各类金融机构、专项基金、担保公司，为企业和"三农"发展提供70亿元贷款支持；国有投融资公司融资到位110亿元，完成投资42.7亿元；争取上级政策性项目资金47亿元，增长17.5%。全年批回土地5106亩、土地储备规模达3083亩，实现国土收益4.1亿元、国资处置收入0.8亿元。出台"帮扶工业企业十条""使用本地名优产品"等政策，落实了市政府企业降费减负、扶持开放型经济等政策措施。

（三）着力强基础、重统筹，城乡面貌得到进一步改善

（1）城镇建管同步推进。县城扩容提质步伐加快，完成投资30亿元，重点实施了迎宾大道、南区路网、双洲公园、市民之家、东区污水处理厂，以及漳江大道、滨江路、桃花大道、沅水大桥综合改造、桃源水电站大坝亮化等工程；改

造棚户区 6761 户、小街小巷 14 条，完成临街单位"拆墙透绿"。收回县城自来水特许经营权，通过国家卫生县城复检、省级文明县城指数测评，征地拆迁秩序逐步规范，控违拆违保持高压态势。启动 14 个乡镇总规修改。

（2）基础条件不断改善。完成交通建设投资 17.4 亿元，沅澧快速干线第四大道、桃龙大道、陬市千吨级码头等重点项目加快推进；黔张常铁路桃源段进展顺利；完成"窄路加宽"200 千米、"联通工程"205 千米、"安防工程"318 千米、危桥改造及渡改桥 16 座，拉通"边界路"99 千米；公路治超持续推进并取得明显成效。完成水利建设投资 8.6 亿元，除险加固水库 20 座、防洪大堤 40 千米，疏浚沟渠 2550 千米，扩挖山塘 1000 口。完成农网改造 58 个村，西安、茶庵铺、杨溪桥等乡镇边界村农网实现整体移交，即将结束多年用"外电"的历史。

生态保护力度空前。全面集中整改了中央环保督察交办的 40 个突出问题。强力推进秸秆禁烧、黄标车淘汰、大气污染防治、城乡垃圾填埋场整治、县城核心区养殖退出等工作，深入开展饮用水水源地保护、黑臭水体整治、洞庭湖水环境治理、"河长制"等工作。划定生态保护红线面积 1044 平方千米，沅水国家湿地公园通过验收，空气质量优良率达 85.9%。实施营造林 21.2 万亩，林木采伐量下降 20%。

二、社会事业和政府服务水平不断提高

（一）着力惠民生、保稳定，社会事业得到进一步发展

（1）全力推进脱贫攻坚。集中开展"大排查、大整改"活动，扶贫领域突出问题得到整改。扎实推进"三走访三签字"工作，扶贫责任进一步强化。统筹财政资金 3 亿元，发放小额贷款 8400 万元，发展产业基地 4.2 万亩，易地扶贫搬迁 3787 人，培训贫困对象 5000 人次，发放贫困学生资助金 4000 万元，"六件实事"扎实推进。全年有 20 个贫困村，约 1.1 万人实现了脱贫。富硒产业精准扶贫经验在全省推介。

（2）协调发展各项事业。民生支出占财政支出达 78%，提高了 3.7 个百分点；为民办实事项目全面完成。出台"教育发展二十条"，重点推进了投资 4.5 亿元的职业中专整体搬迁、投资 1.7 亿元的桃源县第一中学综合提质改造、投资 1.5 亿元的义务教育学校改扩建等项目；高考成绩全市第一，教育基金会筹资规

模突破5000万元，通过了湖南省政府教育工作两项督导评估考核和全国义务教育均衡县验收。投资1亿元的桃源县人民医院内科大楼投入使用，投资3.5亿元的桃源县中医院搬迁工程启动建设；计生政策全面落实，计生工作荣获全省先进。成立桃源县民俗文化艺术交流中心、湖南文理学院桃源民间美术文化研究院；桃源刺绣入选"华夏工匠"提名奖，"百团大赛"荣获全市第一，维回新村、三红村等5个村获评省级历史文化名村。新增城镇就业6832人、农村劳动力转移就业7185人、创业主体3556户，成为全国"农民工等人员返乡创业试点县"；五类社会保险新增参保1.4万人次。城乡低保、社会保障兜底对象和特困人员，实现动态管理下应保尽保，安置退役士兵64名。改造农村危房2268户。

（3）切实加强社会治理。狠抓安全生产监管，未发生较大以上事故，连续4年被评为"省级安全生产先进县"。"无上访村（居）"创建比例达70%，省级交办的8件信访积案全面办结，为全省信访工作会议提供现场。严厉打击违法犯罪行为，刑事案件发案率下降27%，命案告破率连续九年达100%。民调工作排名全省第21位，综治工作连续三年荣获全省先进，成功创建全国无邪教示范县、全省平安县。防汛抗旱夺取全面胜利，被评为"全省抗洪救灾先进集体"。

（二）着力抓规范、优服务，自身建设得到进一步加强

（1）行政行为更加规范。自觉接受人大及其常委会的法律监督、工作监督，以及政协的民主监督；认真执行县人大及其常委会的决议决定，积极处理各类审议意见，办理人大代表建议83件、政协委员提案及政协主席会议建议案75件。积极开展"七五"普法，严格执行公众参与、专家论证、风险评估、合法性审查、集体讨论决定等程序，政府执行力和公信力不断增强。

（2）服务效能稳步提升。强化便民服务，乡村综合服务平台基本建成，17个部门下放59项行政审批和办事服务项目，政务中心、县长热线、政府网站等平台建设得到加强。提高办事效率，建立了环境保护、重点企业联系、城市建设管理等工作微信群。优化经济环境，严惩涉企"三乱"、涉项"三强"、办事"三难"等行为，一批反映强烈的问题得到解决。

（3）工作作风持续改进。县政府班子成员以身作则、以上率下，广大党员干部加班加点，夜以继日，常年处于强负荷、快节奏工作状态，工作作风得到改进。深入开展"两学一做"学习教育，全面执行作风建设规定，始终坚持挺纪在前，严格落实"两个责任"，积极运用监督执纪"四种形态"，不断加强行政

监察、审计监督，狠抓巡察突出问题整改，查处了一批典型案件，政风行风明显好转。

第二节　桃源县基本公共服务主要举措

近年来，桃源县按照党中央、国务院推进基本公共服务均等化的要求，大力推进基本公共服务，各个职能部门在"推进基本公共服务均等化"等方面，主要做了以下工作：

一、强化政府服务职能

（一）科学制订规划，注重项目带动

（1）注重规划引领。一是在编制桃源县"十三五"规划纲要、武陵山片区区域发展与扶贫攻坚、洞庭湖生态经济区等综合规划过程中突出了基本公共服务均等共享，桃源县"十三五"规划重大项目库共规划重大项目295个，其中涉及公共服务的项目就有169个，涉及公共基础设施建设、环境保护、教育、卫生等多个方面。二是在编制年度国民经济和社会发展计划过程中，也将基本公共服务作为重要内容列入。

（2）注重项目建设。为推进公共服务均等化发展，近年来，桃源县发改局将一批公共服务项目列入了年度市、县重点工程建设范畴，如近几年兴建的县文体中心项目、县人民医院内科大楼、外科大楼项目、县妇幼保健院项目、县体育馆、县一中提质改造、农村薄弱学校改造、普惠性幼儿园建设、棚户区改造、县城第二污水处理厂、陬市污水处理厂，等等。例如，桃源县实施的农村综合服务平台项目是湖南省于2016年下半年全面推开的一个项目，这在常德市是最先实施的，全县共涉及乡、村（居）两级420个平台建设，总建筑面积约20万平方米，乡镇级800平方米，村级300～500平方米，总投资约2.7亿元（国开行贷款2亿元、省预算内资金及自筹0.7亿元）；主要建设便民服务大厅、党员活动室、村务议事室、卫生及康复保健室、文化活动室等，目前有400个投入使用，2018年全部建成。2018年，常德市委组织部以农村综合服务平台硬件为依托开展"智慧党建平台三务合一试点"，开发智慧党建系统，实现党务、政务、商务（结合农村物流配送体系，打造电商平台，可在平台上开展农资销售）三务合一，该项目计划投资 2000 万元，各平台统一配套设备，建成后各村（居）为村民服务的党务、政务、商务相关事项都可以在平台上运行，进一步提升农村综合服务平台的综合服务效能。

（二）加大政府购买，创新服务模式

（1）政府购买公共服务模式。2017 年，桃源县购买公共服务项目 156 个，项目可以划分为两大类。一是典型政府购买服务类，预算金额 5636.07 万元。其中县"十三五"土地整治规划修编专项工作技术单位服务费 51.93 万元，县综合交通运输体系规划（2016～2025）编制费用 48.32 万元，社会组织孵化基地培育 30 万元，桃源县 2017 年"白改黑"前期服务费 76.35 万元。二是政府融资购买服务和 PPP 项目。政府融资购买服务项目 29 个，其中有县 2017 年一期棚户区改造项目，2017 年县西苑社区棚户区改造项目，梅溪桥棚户区（城中村）改造项目等。PPP 项目 5 个，县延溪河河湖水域综合整治建设 PPP 项目、县漆河镇污水处理厂 PPP 项目、县第三污水处理 PPP 项目、桃源县沅江风光带 PPP 项目。

（2）政府和社会资本合作提供公共服务模式。在政府和社会资本合作过程中，县财政局会同有关部门对项目进行筛选，同时对完成实施方案、通过物有所值评价和财政承受能力论证的项目，通过 PPP 办公室审核后，纳入财政部 PPP 综合信息平台管理。截至目前，桃源县通过物有所值评价、财政承受能力论证，且已纳入财政厅综合信息管理平台的项目共 8 个，投资额共 69.7 亿元，已落地项目 3 个，落地率达到 37.5%，其中"世外桃源"国际文化旅游产业园 PPP 项目被纳入省级示范库。

（三）优化营商环境，促进创新创业

在推进基本公共服务均等共享方面，食药监局主要做了两个层面的工作：一是支持各类市场主体平等参与并提供服务，形成并扩大公共服务供给能力；二是加强市场监管，维护市场公平竞争秩序，兜底食品药品、特种设备、商品质量安全底线。主要做法如下：

（1）深化商事制度改革，营造更加便捷高效的准入环境。全面完成市场主体注册登记从"三证合一""五证合一"到"多证合一"改革；推进企业注册登记资本认缴制，先照后证、证照分离改革，放宽住所（经营场所）、经营范围等限制条件，降低了市场主体准入的门槛；推进企业登记实名制、全程电子化、电子营业执照、企业名称自主申报登记管理等改革，畅通市场准入渠道，促进主体增长，激发市场活力。2017 年全县新增企业登记 830 家，其中有限责任公司 396 家，有限责任公司分公司 70 家，普通合伙企业 6 家，个人独资企业 195 家，农民专业合作社 109 家。新增个体工商户 3179 家。

（2）加强事中事后监管，营造更加公平公正的竞争环境。充分运用国家企业信用信息公示系统，全面实行涉企信息归集共享，全县 37 家涉企监管部门实现"一张网"全覆盖。2017 年共归集许可信息 4415 条，行政处罚信息 137 条。完善了失信联合惩戒机制，对失信企业在市场准入、行政许可、资质认定等方面依法予以限制。全年开展了打击无证经营、红盾护农、打击不正当竞争、打击虚假宣传、打击传销规范直销、打击假冒伪劣等各项行动，共查处各类市场违法案件 245 起。

（3）狠抓消费维权，营造更加放心舒心的消费环境。整合 12315、12331、12365 三个平台资源，充分发挥职能作用，推进消费者权益保护工作深入开展。2017 年共受理、处理消费投诉举报 430 件，查处侵害消费者权益案件 2 起，为消费者挽回经济损失 98 万元。

（4）促进创新创业，营造更加和谐宽松的发展环境。在降低市场准入门槛，提供优良高效许可服务的同时，重点支持小微企业发展，为企业融资贷款等方面提供支持，全年共办理动产抵押登记 35 起，抵押物价值 131051 万元，企业实现抵押贷款 96984 万元；办理股权出质登记 19 起，出质股权数额 19320 万元，企业融资 364181.768 万元。年内新增注册商标 351 件。按照《桃源县 2016 ~ 2020 年商标品牌发展规划》，引导企业树立商标品牌意识，年内指导湖南兴隆米业"钱缘"商标、湖南百尼茶庵茶业"百尼茶庵"商标申报中国驰名商标，其中湖南兴隆米业"钱缘"商标成功获得中国驰名商标认定；指导湖南飞沃新能源科技、湖南古洞春茶业等企业申报湖南名牌产品 5 个，通过验收 4 个。截至目前，全县拥有有效注册商标 2494 件，地理标志保护产品 2 件，地理证明商标 2 件，中国驰名商标 6 件。

（5）强化食品药品监管，营造更加稳固确切的安全环境。2017 年，县政府出台了《关于加强全县食品安全工作的实施意见》和《桃源县食品药品违法行为奖励举报办法》两个规范性文件；落实了食品安全部门联席会议制度，和对乡镇、部门单位的考核机制；加大了食品药品抽检力度，完成了省、市下达食用农产品抽检任务 240 个批次和预包装食品 73 个批次、餐饮产品 80 个批次、餐饮用品 500 个批次的监督抽检任务。开展了"清无证、查死角、端窝点""食品安全护苗行动""食品安全护老行动""湿米粉提质专项整治"及"中药饮片流通秩序专项整治"等系列食品药品专项整治活动。另外，加大了对特种设备检查力度，年内查处违反特种设备管理案件 3 起。多年来，全县均未发生群体性食品安全事故、药品安全事故和特种设备安全事故。

（四）成立公共法律服务中心，加大普法力度

桃源县公共法律服务中心于 2016 年 7 月正式成立，一年多来，在市局的悉心指导和桃源县委县政府的正确领导下，桃源县以群众需求为导向，全力打造公共法律服务体系全覆盖工程，截至 2017 年底，已建成工作站 27 个、工作点 412 个，初步建成了覆盖全县的县、镇、村三级公共法律服务体系。

（1）惠民法律服务有新成果。经过一年多的努力，目前已成功搭建起实体、网络、服务"三大平台"。合理设置工作岗位，优化人员配置，确保服务工作正常运行。2017 年，接待解答群众来访咨询 2500 人次（其中县中心 1400 人次，乡镇站点 1100 人次），实现了公共法律服务"窗口化、综合性、一站式、零距离"的惠民服务，打通了联系群众的"最后一公里"。

（2）便民纠纷调解有新突破。坚持多措并举，着力健全完善纠纷调解体制机制建设。一是普遍建立法律顾问制度、建立"一社区（村居）一顾问"机制。二是建立律师参与信访、调解和群体性事件处置等公益法律服务补偿机制；将涉法涉诉联合受理与信访接待，在工作平台、机制、人员上明确分开，从源头上实现诉访分离；引导群众依法理性表达诉求，改变部分上访人员"信访不信法"的状况。三是充分发挥站点的网络优势，优化办案流程，推行"诉讼＋调解"新模式运用。桃源县妥善化解了桃源县龙潭镇王家溪村 159 户农户与桃源县世海油茶专业合作社土地流转合同纠纷案、晟通科技集团有限公司因停止生产导致 1000 余名员工因去向和补偿问题与用人单位发生纠纷的集体上访案，以及协调签订了"11·18"郑家驿鞭炮厂爆炸事件导致 800 余户周边群众受损的补偿调解协议。

（3）利民法律援助有新成效。2017 年共受理法律援助案件 312 件。积极争取县委县政府支持，将法律援助纳入政府购买法律服务范畴，得到"积极开展此项工作"的批复，法律援助服务经费得到有力保障。依据湘财政法〔2017〕13 号文件提高案件补贴进一步调动律师参与法律援助工作的积极性，提升法律援助服务质量。

（4）育民法制宣传有新举措。一是深入开展多媒体宣传、"送法"上门、站

点宣传等实体宣传工作，不断提高宣传针对性、时效性，法律援助的覆盖面和知晓率不断扩大。2017年桃源县共翻印各种公共法律服务以及法律援助宣传资料23种20万余份，累计投入专项宣传经费8万元。二是大力加大网上法律服务平台宣传力度，创新打造"桃源司法"微信平台，不定期推送贴近群众生活的法律服务信息，真正实现法律咨询"零距离"，促进线上、线下公共法律服务新局面的成型。

二、着力推进社会事业发展

（一）增加教育投入，提高教育质量

（1）科学规划教育发展。科学编制桃源教育中长期发展规划，认真落实"五个优先"，积极推进"五名工程"。在全县义务教育基本均衡的基础上，丰富学校内涵发展，凸显教育公平，实现教育质量高位突破，切实办好人民满意教育。

（2）合理布局资源。县教育领导小组在多次调研与广泛征求意见的基础上，对全县的教育布局进行合理调整，包括将处于农村的3所普高合并进城办学、原址集中办好乡镇初中，将位于城区的桃源县第九中学高中部搬入原桃源师范校址、桃源县第九中学原址建成初中部等措施，从根本上解决了"城镇挤、乡村弱"的现象。

（3）加大教育投入。教育经费预算逐年增加，确保"两个增长""两免一补"真正到位。一是学校建设进一步增强。近年来，教育局投入近4亿元，用于城区扩容、乡村改薄计划，加速城乡一体化建设，切实改善办学条件。二是教师素质进一步提高。采取多种途径招聘、培养教师，积极落实"乡村教师支持计划"。三年来，义务教育阶段学校新进教师710名。三是为上学提供好的机遇。义务教育阶段严格执行就近免试入学政策，确保随迁子女、进城务工子女、"三残"适龄等少儿就读。另外，对于省示范性高中——桃源第一中学的新生招生工作，在1430名招生名额中，全部是正取生，没有择校生。还将1100名指标按照一定比例分配到全县各乡镇，保证每所学校至少有一个上县一中的指标。剩下的名额招收一部分音体美特长生和科技创新获奖者后，全县统一划线招收。这样做，保证了有更多的学生能上名校的机会。

（4）积极创建标准化学校。桃源县已完成最后一批合格学校的创建，正在积极筹备创建标准化学校的工作。三年来，桃源县积极弘扬校园文化，争创书香校园、雅致校园，丰富育人载体，提升育人效果。现有桃源四中、桃源八中等7所学校成为市级示范性生态文明学校。

（5）加强现场督导。为把教书育人的工作落到实处，县教育局先后出台了《桃源县中小学教学常规管理若干规定》（桃教通〔2015〕28号）、《关于开展特色学校创建工作的指导意见》（桃教通〔2015〕29号）、《关于进一步做好中小学心理健康教育的通知》（桃教通〔2016〕19号）、《桃源县教育局关于做好办学行为规范年工作的通知》（桃教通〔2017〕6号）等文件，县教育局根据工作要求定期或不定期地下校到现场督导，有效推进学校的各项工作。

（二）建立医疗长效服务机制，实施绩效管理

（1）加强组织领导，确保项目顺利推行。一是成立机构，完善管理体系。县卫计局、县财政局成立了以卫计局主要负责人为组长、相关分管领导为副组长的"桃源县实施国家基本公共卫生服务项目工作领导小组"，负责全县基本公共卫生服务项目工作的组织领导，领导小组下设办公室，安排专人具体负责项目工作的组织实施。二是制订方案，建立实施制度。2009年以来，根据上级要求，结合桃源县实际，每年制定下发了《桃源县基本公共卫生服务项目实施方案》《桃源县基本公共卫生服务项目绩效考核方案》《桃源县基本公共卫生服务资金使用与管理方案》《桃源县基本公共卫生服务工作考核细则》等文件，为确保全县城乡居民享受基本公共卫生服务，提高全民健康水平，提供了切实可行的制度依据。三是转变服务，创新工作内涵。转变服务内涵是卫生局落实公共卫生工作的一个创新举措，目的在于拓展服务内容，转变服务方式，实现由传统坐诊向入户巡诊转变，由被动服务向主动服务转变，由疾病管理向健康管理转变，由经营服务向公益服务转变。2015年开展了"家庭医生"试点工作，到2017年逐步实现服务对象由病人向城乡居民转变、工作职责由单纯治病向保障健康转变、服务方式由坐堂行医向送医上门转变，努力构建户户拥有家庭医生，人人享有卫生保健的体系。

（2）加大宣传力度，营造浓厚参与氛围。一是强化媒体传播。加强与广电、报刊等新闻媒体的联系，充分利用电视台在全县影响力大、传播覆盖面广的特点，在电视台开辟了《卫计之窗》栏目，以宣传预防保健为主题，大力传播新医改政策和公共卫生服务工作的好处、作用等。开展"基本公共卫生，我服务你健康"为主题的宣传活动。二是加强基层宣传。以建立居民健康档案和免费健康

体检为切入点，大力推进基本公共卫生服务项目工作，组织各乡镇卫生院医务人员、公共卫生人员、乡村医生深入村组开展宣传，把宣传材料下发到各家各户，利用"村村响"广播宣传基本公共卫生服务内容；在全县乡镇卫生院、村卫生室设置标准宣传栏，定期更换宣传内容；各基层医疗卫生机构在候诊大厅或健康教育室等人群集中的场所播放国家基本公共卫生服务项目公益广告。

（3）强化队伍建设，促进工作有序开展。一是成立培训小组。成立了基本公共卫生服务项目指导小组，由县卫计局分管副局长任组长，抽调县卫计局和专业公共卫生机构相关业务骨干为成员，不定期到基层检查指导，切实发挥业务技术指导中心的作用。所有项目均有业务指导人和具体责任人，实施网格化管理，全力推进项目实施。二是选派人员培训。立足自身，全面推进，县卫计局和专业公共卫生机构每年选派业务骨干参加各级培训，仅2017年参加省市等师资培训达25人次。三是组织项目培训。桃源县2009年以来共组织开展项目培训23期，培训内容主要为《国家基本公共卫生服务规范》、电子档案的建立与管理以及组织管理、资金管理。

（4）严格绩效管理，促进项目质量提升。一是规范资金使用。为加强基本公共卫生专项资金管理，提高资金使用率，卫计局、财政局制定了《桃源县基本公共卫生服务资金使用与管理方案》，明确了资金构成，强调了资金的使用原则，各基层医疗机构也建立健全了完善的监管制度，基本公共卫生服务财政补助资金全部用于基层医疗卫生机构为城乡居民免费提供基本公共卫生服务项目所必需的耗材等公用经费支出和相关的人员支出，基本公共卫生经费实行专账管理，未发生任何单位和个人截留、挤兑和挪用的现象，确保了项目资金的专款专用。二是量化补助标准。桃源县根据国家基本公共卫生服务规范，按照基本公共卫生服务的职责分工，明确了乡村两级工作内容、工作数量和工作质量，明确了以服务数量和服务质量核定资金补助标准，真正实现量化管理，量化补助，充分调动了卫生院和卫生室的工作积极性。三是强化绩效考核。卫生局专门成立了督查组，由卫生局局长任组长，各党委成员责任到乡，不定期督查责任乡镇的工作开展情况，每季度召开调度会，会办基本公共卫生开展过程中存在的问题，落实解决措施。同时，各专业公共卫生机构能切实履行各自的职责，结合自身工作，每个季度开展项目督查，不定期地深入乡镇、村督查、指导项目实施，对项目实施过程中存在的问题进行现场指导反馈并下发整改意见书，保证了基本公共卫生服务项目工作的进度和质量。此外，基本公共卫生考核小组按照平时考核与年度考核相结合的原则，每月对基层医疗机构项目的落实情况进行考评并通报，督促基层单位建立长效工作机制，有利于工作的稳步推进。四是严格兑现绩效。卫生局每年年中、年末与财政局联合组织评估组对各单位的基本公共卫生服务项目开展情况进行了考评，对工作的实施情况量化评分，严格按照分数拨付基本公共卫生服务项目补助经费。同时，各乡镇（中心）卫生院对村卫生室落实基本公共卫生服务项目进行季度考核，并根据考核结果下拨村级公共卫生服务资金。

（5）任务有效落实，建立长效服务机制。基本公共卫生服务项目工作目前有14大类54小项，包括为城乡居民65岁以上老年人及高血压、糖尿病、严重精神障碍患者、结核病患者建立健康档案与管理，为孕产妇、0~6岁儿童进行保健管理，传染病与突发公共卫生应急事件报告和处理，预防接种、中医药健康指导、卫生计生监督协管、健康教育等服务项目。经过艰苦努力，桃源县的基本公共卫生服务各项指标均完成了序时进度，达到了上级要求。

（三）完善文化基础设施建设，促进特色文化保护

桃源县文化底蕴深厚，素有"戏窝子""中华诗词之乡""湖南省书画之乡""中国新钢笔画之乡"之美誉。在文化共享方面的做法如下：

（1）文化阵地建设日趋完善。为开展公共文化事业，县委、县政府拨付了专项资金用于加强基础设施建设。2015年桃源县文体中心建成；2018年桃源县体育馆建成；目前，桃源县已有国家颁布的一级文化馆1个，三级公益图书馆1个，博物馆4处。2007年以来，投资近千万元新建乡镇综合文化站，建成485个农家书屋。村村建有文化资源共享工程。目前28个乡镇（街道）文化站中，经省、市评定，达标的有22个。2017年，县委、县政府按照省、市总体部署，从抓认识、压责任、优标准、严考核入手，大力推进合格村级综合文化服务中心建设工作，2017年底，经省文化厅认定，桃源县共有合格村级综合文化服务中心192个，合格率为56.8%。公共文化基础设施日趋完善，为城乡群众享受均等化文化服务奠定了坚实基础。

（2）文化队伍日益壮大。配齐、配强乡镇文化站工作人员队伍。28个乡镇（街道）文化站配备编制93个，实有从业人员79人，每个乡镇（街道）文化站从业人员数在2人以上；充分发挥了农村文化能人带动作用，在乡镇、村建立带有地方特色的文艺宣传队伍，当前组建的群众文艺团体共238个，九溪、漳江、龙潭、郑家驿等几个乡镇的文艺团体多达二十几支。九溪汉剧团、观音寺海蝶艺术团已经成为市、县知名的文艺组织；每个村配备有1名以上的文化辅导员；乡

镇（街道）文化志愿者服务人数达到 659 人。庞大的文化从业人员队伍成为乡村文化活动的生力军。

（3）文化活动蓬勃开展。桃源县举办大型文体活动 6 次以上，各乡镇每年开展大型群从文化活动两次以上，举办群众广场文化活动 3 次以上，村（社区）年举办活动 1 次以上。经过多年培育，树立了地方文化品牌。形成了广场健身舞大赛、"沅水欢歌"文体月活动、"梨园春晓"戏曲春晚等品牌群文活动。各乡镇、村（社区）也依托本地特色，形成了不同的活动品牌，如九溪镇的"农民艺术节"，沙坪镇的"年货文化节"，漆河、牛车河、龙潭等乡镇的广场舞比赛，马鬃岭镇的"柑橘节"，剪市镇的"紫薇文化节"，泥窝潭的"长寿之乡"，黄石镇的"桃花节"，热市镇山河村的"桃花艺术节"，沙坪镇竹山村的"上元节"，村级"农民春晚"，等等。乡村文化活动各具特色、精彩纷呈。

（4）特色文化保护有力。不断加强对优秀民俗文化资源的系统发掘、整理，一批具有地域特色的非物质文化遗产和重要文物得到了有效保护。截至目前，桃源县纳入省、市、县级非遗保护名录项目的有 52 个。其中，桃源木雕、擂茶习俗、桃花源传说、瑜伽焰口手势申报省级非物质文化遗产项目 4 项，桃源铜锁、桃源刺绣、桃源野茶王、桃源九子鞭、桃源石雕、桃源板龙灯舞、桃源古尔邦节、桃源虾舞、桃源捉龟舞申报市级非物质文化遗产项目 8 项，拥有桃源傩戏、桃源大鼓、桃源沅水扎排号子、桃源山歌、桃源民间剪纸等 40 个县级非物质文化遗产项目。并由私人出资，在郑家驿镇建有木雕刺绣传承基地，在夷望溪镇建有民俗博物馆。

（5）全民健身欣欣向荣。大力开展不同规模的群体活动，积极引导协会共同组织开展各类群众体育健身活动，常年健身达到 18 万人次。大力发展了公共体育面积，新增公共体育面积达 5.38 万平方米。大力抓好三级社会指导员的培训，截至目前，三级社会指导员总人数已近 650 人，极大地满足了全县人民健身的需要。

（四）明确养老补贴制度，推行养老保险建设

（1）明确社会养老机构补贴制度。对县城市规划区内社会力量举办的、经县民政局验收达到国家运营标准的养老服务机构，自建新增床位每张给予 1000 元的资助（此标准仅为常德市社会养老机构床位补贴标准的 1/3），租用新增床位每张给予 500 元的资助，连续补贴三年，已享受国家项目补助的抵减补贴。社会力量举办的养老服务机构，每接收 1 名户籍在本行政区域内的 60 周岁以上人

员，给予养老服务机构每月 100 元的运营补贴；城市"三无"人员和农村"五保"老人，原则上由公办敬老院承担，暂不移交民办养老机构托管。对采取"招拍挂"方式取得地块的养老机构，财政对基础设施投入部分将从地块收益中给予适当补助。养老机构责任保险所需保费支出由养老机构承担 30%、县级财政补助 70%。

（2）建立社区居家养老服务运行补贴制度。经民政部门验收，对县城区建筑面积达到 200 平方米以上，具备"五室一场"（医疗室、活动室、图书室、休息室、配餐室、室内或者室外健身场所等），且服务规范化的社区居家养老服务中心每年给予一定的运行补贴，所需资金在每年给予社区的惠民专项资金中统筹解决。

（3）明确土地供应政策。按照《国土资源部办公厅关于印发〈养老服务设施用地指导意见〉的通知》要求，对依法采取划拨方式供地的，划拨价格由县人民政府根据当年实际情况优惠确定。以"招拍挂"方式供地的，底价可以按不低于出让地块基准地价的 70% 确定。民间资本举办的非营利性养老服务机构变更为营利性养老服务机构的，其养老服务设施用地报经市、县人民政府批准后，可以办理出让或租赁土地手续，补缴土地出让金或租金。由公共财政投入且闲置的房产等公共设施，经财政、国有资产管理部门批准可按政策规定改造为养老服务机构设施。

三、大力推进乡村基本公共服务

（一）推进农业社会化服务，开展环境综合治理

桃源是一个传统的农业大县，有耕地面积 144.8 万亩，居全省第一，既是全国粮食生产先进县、全国油料生产大县、全国生猪调出大县、中国优质果品基地县、中国竹子之乡、中国十大富硒之乡、国家现代农业示范区，也是全省全面小康推进工作十快进县、全省首批生态县、全省粮食生产标兵县。近年来，在基本公共服务均等化方面，农业农村局切实按照相关工作要求，全力推进服务农村、服务农民等各项工作，稳步推进桃源县农业农村基本公共服务均等化。

（1）新型职业农民培育服务工作持续展开。2015 年开始，桃源持续被列为新型职业农民培育项目试点县，举办技术培训班 38 期，发放技术资料 1.5 万余份，培训农民 1800 人次；培育新型职业农民 1200 人，其中水稻种植大户 700

人、现代青年家庭农场主 100 人、农机专业合作社骨干 300 人，认定初级生产经营型新型职业农民 800 人。

（2）农业社会化服务全面推进。一是早稻集中育秧服务快速普及。为促进水稻"压单扩双"、保障粮食安全，桃源县以早稻集中育秧为抓手，以合作社、育插秧大户、家庭农场等社会化服务组织为主体，按照"政府引导、市场运作、适当补助"运行机制，实现由供种到供秧到育插秧一体化转变，提高了早稻育秧专业化水平和水稻复种指数。全县有 26 个乡镇（街道）、126 个村（居）、258 个社会主体参与了早稻专业化集中育秧，集中育秧 1.6 万亩，供秧面积达到 40 多万亩，占全县早稻种植面积的 50%，其中枫树乡白洋河集中育秧工厂每年育供秧 3000 亩以上。桃源的早稻集中育秧连续三年被中央电视台《新闻联播》播出。二是农业机械服务稳步扩大。全县农机具总量达到 15 万台，总动力达到 97.66 万千瓦，其中大型联合收割机 2670 台、大中型拖拉机 2820 台、水稻高速插秧机 135 台、植保无人机 150 架、15 吨以上谷物烘干机 186 台套，全县机耕作业率达到 95%，机收作业率达到 90%，其中水稻机耕作业实现全覆盖、育插秧机械化作业率达到 35%。三是统防统治服务扎实推进。近年来，全县动员社会专业力量成立了雨禾植保、景农堂、泰源农资等统防统治专业化公司 12 家，投入专项补助资金 500 万元以上，采取全程承包方式，统一技术指导、统一防治方案，综合运用深耕灭蛹、选用抗病品种、应用高效植保施药器械、推广应用高效农药、生物制剂、绿色防控技术，回收包装减少环境污染。全县专业化统防统治面积每年稳定在 88.98 万亩以上，病虫害防治效果达到 95% 以上，每亩农药用量减 20% 左右、用药成本减少 8～12 元、挽回稻谷损失 30～40 千克，每亩增收节支近 100 元。四是农业保险服务从无到有。农业保险是农业生产和发展的稳定器，特别是在灾后重建、恢复生产中发挥着积极作用，桃源县 2007 年开始与中华保险公司、中国人保财险股份有限公司、中国太平洋财产股份有限公司开展农业保险业务，按照"政府引导、市场运作、自主自愿、协同推进"的原则，积极开展险种宣传、投保动员、现场勘查、定损赔付等工作，让广大农民群众享受到这项公共服务带来的好处。

（3）农村土地流转服务功能明显增强。近年来，桃源县不断探索并大力推进土地规范有序流转，建立了覆盖全县的县、乡、村三级土地流转服务中心（站），为流转双方提供信息发布、产权交易、法律咨询、权益评估、抵押融资、纠纷调处仲裁等服务。全县耕地流转面积 59.8 万亩，占耕地总面积的 41.3%，目前 30 亩以上的生产经营主体达到 5966 户，100 亩以上的达到 312 户，1000 亩以上的达到 14 户。农村土地快速、有序地流转和集中，促进了专业合作社、家庭农场等农业新型经营主体的大发展，全县农民专业合作社已达 714 家，其中水稻、烟叶、茶叶及富硒农产品联合社共 5 家，家庭农场达到 538 家。

（4）农产品质量安全监管服务卓有成效。近年来，桃源县以创建国家农产品质量安全示范县为总揽，大力推行农产品质量安全监管服务，制修订水稻、油菜、辣椒、柑橘、红茶加工等技术规范 5 项；依托农业产业化企业、农民合作社、家庭农场等规模经营主体建立标准化示范基地；加强"三品一标"认证监管，全县已认证无公害农产品 11 个、绿色食品 33 个、有机食品 37 个，建立了 9 个无公害农副产品生产加工基地；加大农产品基地源头和消费终端监测，坚持市场准入检测、例行监测、监督抽查"三结合"的原则进行抽检，近 5 年累计抽检蔬菜、水果、茶叶、稻谷等样品 17.67 万批次，检出超标样品 67 批次，超标率 0.0379%，远远低于市控 2% 的标准；目前，湖南省仅桃源、武冈两个县开展了畜禽水产品质量安全监管追溯系统服务，实时监控兽药经营店、养殖规模场、产品销售门店的生产经营情况。近期内，桃源县计划延伸平台网络，启动农产品质量安全监管追溯系统建设。

（5）高标准农田建设有序推进。高标准农田建设是落实党中央"藏粮于地"战略、提高农业综合生产能力、保障粮食安全的基础性工程。近年来，桃源县高标准农田建设投入不断增加，建设力度不断加大。2011 ~ 2016 年，全县高标准农田建设投入达到 6.06 亿元，建设面积 33.5 万亩，年均投入 1 亿元，亩平投入 1808 元。其中农业新增粮食产能和基本口粮田项目投入 1.15 亿元、国土土地整理项目投入 1.63 亿元、农业综合开发项目投入 2.09 亿元、小农水工程投入近 8898 万元、烟水工程投入 2913 万元。高标准农田的建设，提高了耕地质量和地力等级，使农田生态修复能力得到增强，亩均粮食综合生产能力提高 100 千克以上。

（6）农村环境污染整治成效显著。一是农村垃圾清收清运。全县农村生活垃圾无害化处理实现村级全覆盖，农村垃圾集中处理率达 100%；共规范垃圾填埋场 7 处、垃圾池 329 个，配备垃圾桶 9000 多个，对简易填埋场加大了覆土、消毒和渗漏液无害化处理工作；更新农村环境整治工作宣传栏 2 次 900 块；举办宣传讲座 217 次，培训群众 6.3 万人次。二是农业面源污染防治试点。在陬市镇长乐村建成农业面源污染防治工程示范户 30 户；建立物业管理站 1 个；修建户用型生活污水处理系统 24 套、公共生活垃圾收集池 5 个；建设生态拦截沟 200 米、农业投放品废弃物收集池 10 个；推广秸秆综合利用示范面积 4000 亩；庭院绿化 1500 平方米，使示范村内清洁生产技术推广入户率达到 90% 以上，生活垃圾和生活污水处理率达到 80% 以上，秸秆综合利用率达到 85% 以上。三是农村改水改厕。以全县整域推进美丽乡村建设为契机，以 16 个示范村为引领、28 个创建村为带动、3 个省级示范村为样板，扎实推进农村环境提质，建成三格化粪池卫生厕所 2000 座、农村污水集中处理设施 500 座。四是秸秆禁烧和综合利用。出台了《桃源县禁止露天焚烧垃圾秸秆工作方案》，印发了《桃源县人民政府关于禁止露天焚烧秸秆的通告》，每年抽调秸秆禁烧工作督察人员 800 多人，村级巡查人员 3000 多人，扑灭火点，制止违规燃烧苗头；兑现 356 台加装秸秆粉碎机的收割机奖励。五是养殖业退养禁养。出台了《桃源县畜禽养殖禁养区划分通告》，对全县畜禽养殖禁养区进行划定，明确了畜禽养殖"红线"和"底线"，饮用水源保护区、自然保护区、风景名胜区、城镇居民区、基本农田保护区严禁从事畜禽养殖活动或建设有污染排放的养殖场，对现有不符要求的养殖场进行限期关停或搬迁。县财政投入资金 1275 万元，对 2 个乡镇 15 个村居的 350 家养殖场（户）实行了退养，有效地改善了城区人居环境。

（二）统筹扶贫工作，加大扶贫支持力度

2014 年，桃源县识别贫困村 66 个、贫困人口 77453 人，2017 年通过清理确定建档立卡贫困人口 59761 人，是省级扶贫开发面上县。2014 年、2016 年，被评为全省脱贫攻坚工作先进县。对推进贫困地区基本服务均等共享的总体思路是"精准目标，补齐短板"，主要是针对贫困村、贫困人口，按照退出和脱贫标准，确保公共服务进一步完善。主要做法是：

（1）提高政治站位，推进责任落实。将脱贫攻坚放在统揽县域经济发展全局的战略高度来抓，用超常的力度、超常的措施加以推进。一是强化组织领导。县委、县政府高度重视脱贫攻坚，今年年初调整了指挥部领导架构，由县委副书记任政委，分管副县长任指挥长，两名退休老领导任顾问，相关职能部门负责人任成员，统筹协调全县脱贫攻坚工作；指挥部下设"一室九组"，各司其职，专抓落实，九组分别由相关职能部门"一把手"任组长，成员单位由涉及的其他相关部门组成；各乡镇也成立了相应的工作机构，具体负责组织实施，形成了齐抓共管、合力攻坚的扶贫大格局。二是完善规章制度。县委、县政府以及指挥部高密度研究部署脱贫攻坚工作，先后出台了《桃源县关于实施精准扶贫扎实推进扶贫攻坚的决定》《桃源县脱贫攻坚责任制实施意见》《桃源县财政专项扶贫资金管理办法》《桃源县易地搬迁项目工程和资金管理暂行办法》《桃源县驻村帮扶工作方案》《桃源县扶贫领域舆情处置办法》等多项工作制度，做到了在岗在责任、办事有规范、推进有流程，形成了以制度推进工作的良好局面。三是强化督导考评。将脱贫攻坚工作纳入了全县各级各部门年度目标责任制考核，细化了考核任务，加大考核权重，并实行了月调度、季通报、年考评。同时，根据上级部署和要求，结合县内工作实际，多次组织开展高标准、严要求、大范围督查，严格奖优罚劣，问责到人，确保了脱贫攻坚各项工作有序推进。

（2）坚持多措并举，推进政策落实。积极主动对接政策，不折不扣落实政策，千方百计助力贫困地区尽快脱贫。一是落实搬迁危改政策。按照上级"搬得出、稳得住、可发展、能致富"的要求，大力推进易地搬迁扶贫及配套基础设施建设。2016年完成搬迁3149人，建成集中安置点14个；2017年完成搬迁3787人，全部为分散安置；2018年桃源县将按照湖南省"两个一律"的要求，完成搬迁5670人，建设集中安置点32个，目前正进行规划选址和规划设计。同时，积极落实贫困户危房改造政策，完成危改2089户，今年计划完成1000户。二是落实产业扶贫政策。坚持因地制宜、"四跟四走"的思路，积极推进金融产业扶贫，发展适宜特色产业。全县累计发放金融扶贫小额贷款4.3亿元，建成村级光伏发电站23座，集中开发油茶8000亩、七星椒1550亩、楠竹3万亩，打造了一批特色产业基地，受益贫困人口达30000多人。如沙坪镇赛阳村，就是通过乡村协调将农民土地流转给景区，实现了农民和企业的共赢，闯出了旅游扶贫的新路子。此外，还有杨溪桥镇推行的"茶企＋合作社＋贫困户"的运作模式，很好地解决了周边9个村、325个贫困户、1065个贫困人口的脱贫问题。三是落实教育培训政策。通过实施"雨露计划"，积极开展"两后生"、农村致富带头人、贫困家庭劳动力转移就业等培训，全面提升贫困家庭的自我"造血"功能。全县每年对贫困对象开展各类培训班150余次，培训人数达5000人次以上，同时，积极搭建就业平台，建立市场对接机制，每年新增贫困人口转移就业近1000人。整合扶贫助学基金4000万元，用于贫困家庭小学生、初中生寄宿费补助，全部免除高中、中职贫困生学杂费，确保他们不因贫辍学；实施贫困学生干部结对帮联全覆盖，每名干部每年资助贫困学生1000元以上。四是落实兜底保障政策。对全部或部分丧失劳动能力，无法依靠其他政策脱贫的贫困户，一律实行财政兜底保障，确保贫困人口年纯收入达到贫困线以上。去年，全县重新核定对象718

户 1571 人，实现了补贴收入和脱贫标准线"两线合一"，同时，在全面兑现贫困户各项医疗保险政策的基础上，率先在全省设立了贫困户大病救助基金，现已累计救助贫困户 1263 户，发放大病医疗救助资金 540 万元。五是合力推进基础设施和公共服务建设。按照"统一规划、连片推进、分步实施"的原则，采取"财政投入、项目整合、群众自筹"等多种方式，加大贫困地区基础设施建设投入，着力办好"六件实事"，不断改善贫困地区发展基础条件。截至目前，全县在贫困乡村完成投入 7 亿元以上，实现贫困户安全饮水全覆盖，硬化村道 203 千米、拓宽 190 千米，疏通沟渠 191 千米，整修堰塘 811 口，完成电网改造 36 个村、宽带覆盖 53 个村、"户户通"安装 4651 户、高标准新改建村综合服务平台 54 个。六是合力推进帮扶济困。严格按照上级驻村帮扶要求，落实驻贫困村工作队 66 个，其中市选派 8 个，县选派 58 个，2018 年新增 24 个，共安排市直、县直和驻桃后盾单位 170 余家、驻村干部近 200 人，实现了"一村一队"全覆盖；对于贫困人口 100 人以上的非贫困村，明确由乡镇党委、街道党工委选派工作队驻村，进一步强化帮扶力量。同时，选派 3400 多名县乡干部与贫困户结对，要求每年至少上户走访 4 次以上，面对面解决具体问题。此外，还组织开展了"我想有个家"安居工程捐赠活动，募集资金 100 多万元。

第三节　桃源县基本公共服务存在的问题

一、城乡之间基本公共服务存在较大差距

目前，桃源县基本公共服务在城乡、区域之间还存在较大差距。有的差距是原有资源配置造成的，也有的是因为地区发展不平衡造成的。例如，医疗卫生水平有差距，乡镇尤其是偏远山区乡镇医疗水平跟不上；教育水平有差距，农村中小学无论是软件水平还是硬件设施都与城市学校有较大差距。桃源县还须紧紧围绕中央乡村振兴战略及脱贫攻坚工作，积极对接上级政策，逐步缩小城乡和区域之间基本公共服务的差距。

（一）农村学校教育落后，家庭教育缺失

（1）学校教育缺失不适应教育改革新趋势。师资不齐，结构欠优，年龄老化，知识老化，以乡镇中学最为明显。新进特岗、代课教师责任心欠缺、基本功不强。加上学校缺少专门经费或无法实行经济制约，从而实施课程与教学改革，全面实现立德树人的根本目标。

（2）家庭教育缺失不适应社会需求多元化。学生家长缺乏正确的教育观念，盲目择校，在德育与智育、成长与成绩、能力与知识、实践与技能方面舍本逐末，成为唯分数论、急功近利等居多教育乱象的积极推手，有时还会干扰学校正常的教育部署，影响学生的全面发展。

（3）情感关爱的缺失导致了学生心理不健康。由于家长外出务工及部分父母的疏忽、学校教育存在的疏漏，学生缺乏亲情抚慰、缺少关爱，造成不健康心理，甚至性格扭曲与变异。

（二）农村基本公共服务供给与现代化农业需要不匹配

（1）农业农村基本公共服务的供给与现代化农业需要不匹配。桃源县推进农业农村基本公共服务均等化工作的重心在乡镇，乡镇是农业农村基本公共服务的桥头堡和发挥有效供给的载体。但乡镇农业和农村经营管理服务站由原农科站、畜牧站、经管站合并，人员参差不齐且老化严重，还经常被抽调服务于乡镇的脱贫攻坚、综治维稳、文明创建、检查督促等各项工作，用于农业农村基本公共服务的时间和精力不够，致使农业农村基本公共服务的供给与现代化农业需要的矛盾突出。因此，迫切需要建立集中统一的农业农村基本公共服务中心，配备专职人员，以农业农村基本公共服务为主要工作，整合农业系统内各项资源、加强基础设施及服务检测监管能力建设、组织和链接各类社会化服务资源，为农民提供全方位、多层次、综合性的农业农村基本公共服务。

（2）农民素质普遍偏低。在现代农业和新农村的建设过程中，农民自身的素质起着关键性的作用。只有培养出高素质的新型农民，才能持续推动现代农业建设，加快现代化农业建设的进程。目前，农民对农业专业技术的重要性认识不足，凭经验主义和传统生产方式进行生产，先进的农业专业技术难以得到应用；农民了解专业技术的信息渠道单一并且缺乏系统性的学习，开展技术培训的方式也比较单一，理论与实践结合不紧密，培训实效性不足等。

（3）投资主体及资金来源单一。推进农业农村基本公共服务均等化需要大量的资金支持，政府财政资金是其主要来源。当前推进农业农村基本公共服务均等化的资金来源主要是县级财政的直接投入或上级财政的转移支付,结构较为单一;农村基本公共服务大都是公益性事业,对资本吸引力不强,社会力量没能有效参与。

二、公共服务财政投入力度有待进一步提高

(一)基本医疗投入力度不足,公共卫生队伍建设滞后

(1)基层医疗机构公共卫生队伍建设滞后。桃源县乡镇(中心)卫生院公共卫生服务人员存在不稳定、数量不足,结构不合理,专业技术人员短缺,业务素质偏低情况;大部分乡村医生年龄大、服务能力低,服务质量得不到保障。

(2)开展公共卫生工作氛围不浓。桃源县虽建立了县、乡镇、村三级预防保健网络,但基层医疗部门尤其是村卫生室对基本公共卫生服务均等化工作重视不够,认识不到位,责任心不强,少数乡镇卫生院、村卫生室存在"重医轻防""以医补防"的现象,加之一些群众生命意识、健康意识不强,对公共卫生的重要性认识不足,只有到生病时才知道就医,不重视平时的防病保健,甚至不理解、不支持国家惠民政策,不配合医务人员的健康随访和健康体检。

(3)缺乏统一合作联动机制。国家基本公共卫生服务是一项惠民工程,是政府行为,要有效落实该项工作,必须由政府主导,多部门参与。主要是卫计部门唱独角,为城乡居民建立健康档案、预防接种、孕产妇管理、健康教育与健康促进等工作,按要求需教育、文广旅及乡镇政府等多部门配合、支持,但桃源县在实施的过程中,几乎是由卫计部门在独立进行。

(4)公卫机构投入不足。一是县疾控中心、县妇幼保健院、县卫生计生监督局承担基本公共卫生服务相应项目的指导、督导、培训、考核任务,每年未给予相应的公用经费补助。二是村卫生室基本设置在村医家里,业务用房建设滞后,基本的设施设备短缺,影响了工作的开展。

(二)投入不足和政策差异导致扶贫工作难度很大

(1)投入不足导致乡村扶贫发展不均衡。由于贫困村大多分布在桃源县的偏远地区和高山地区,原本就是基础设施和公共服务较为落后的地方,虽然近几年来桃源县加大了对贫困村的投入力度,基础设施和公共服务已基本完善,但与平原村和交通便利村相比,还存在一定的差距。

(2)政策差异导致乡村扶贫发展不均衡。桃源有 16 个丘陵山区乡镇与国家

级贫困县接壤，现有识别的 66 个贫困村大多与邻县国家级贫困乡村类似，由于彼此之间享受的政策差异较大，现有的基础设施已远远落后于邻县边界村，虽然桃源县在资金投入上作了倾斜，但仍然存在村组公路未硬化，山塘沟渠需整修等问题。

（3）观念差异导致乡村扶贫发展不均衡。由于贫困人口文化素质普遍偏低，接受新政策、新事物的能力较差，思想观念差异大，如易地扶贫搬迁、金融小额贷款等直接受益的扶贫政策，偏远山区的贫困群众开始心有疑虑，不敢接受，甚至有很多贫困户选择了主动放弃，不愿参与。

（三）文化建设远远落后于经济发展

虽然文化基础设施和公共文化产品及其文化服务在政府和文化部门的领导和指导下有所改变，但文化建设整体上滞后于经济发展等问题依然存在，主要体现在三个方面：一是文化建设投入不足、资金缺口大，缺少活动经费。二是文化资源缺乏、设施不全，导致活动无法开展。三是文化干部队伍不稳定，人才缺乏。文化队伍普遍存在业务能力不足、整体素质偏低、专职人员较少等问题。

（四）养老形式单一，保障资金不充裕

（1）养老机构设施薄弱。一是床位覆盖率低。全县有社区 74 个，拥有养老服务设施的社区有 5 个，覆盖率仅为 7%；全县行政村 338 个，拥有养老服务设施的有 76 个，覆盖率仅为 22%。二是服务对象窄。现有的养老服务对象局限在一些特殊群体范围内，以政府提供公益性服务为主，供养对象大部分是城市"三无"和农村"五保"老人，受益人少且范围较小，养老服务享受面较窄。三是服务形式单一。养老机构仅限于提供吃、住等基本服务，基本上以照顾和护理老人为主，服务品种尚不丰富，缺乏护理、医疗、康复、教育等综合化服务，没有形成完善的产业。

（2）公办敬老院兜底经费紧缺。一是建设经费严重不足。目前大多数乡镇，包括县市区大多还是"吃财政饭"，靠乡镇加大对农村敬老院的投入无疑是"纸上谈兵"。二是维修经费严重不足。由于省、县两级财政都没有专门的维修经费，乡镇财政更是力不从心。三是工作运转经费严重不足。上级财政一直没有安排专门的运转经费，按照 2016 年的标准，县本级财政给每所乡镇敬老院预算的工作经费是 7 万元，既要发放敬老院工作人员的工资，又要维持敬老院的日常运转，还要进行一些小的维修等。

（3）政策落实力度不大。桃源县 2017 年 8 月出台了养老实施意见，重点扶持居家养老、社区养老和机构养老三个方面的建设，但部分内容与上级文件有所不同，限制了桃源县养老服务业的发展，对动员社会力量兴办民办养老机构缺乏吸引力。另外，部分政策涉及规划、国土、税务、财政、水电气等多个部门，没有有效的工作协调推进机制，有些扶持政策过于笼统、可操作性差，在实施过程中由于受到部门利益等因素的影响，一些政策难以落实。

（4）政府财政养老资金投入低。目前全县公办养老机构建设和社区养老服务设施建设、补助资金，基本上来源于中央、省项目资助资金和县本级留存福利彩票公益金。在养老补贴政策落实上，县财政列支的养老服务体系建设及补助经费还很低，市财政仅对市管的区给予了专项资金支持。由于上级项目资金投入较少，各级财政配套资金难以落实，致使养老服务基础设施建设和运营困难。

（5）养老服务人才队伍专业化水平低。现有的养老服务人员主要以下岗失业人员为主，社会认同和实际待遇基本上与一般家政服务人员等同，业务素质不高，从业人员参加正规养老培训少，持证上岗率低，专业的养老服务队伍还未形成，在很大程度上约束了养老服务队伍的专业化建设。

三、发展环境亟待进一步优化

（一）市场监管公共服务支持力度不足

在实施市场监管的过程中存在不少困难与问题，主要体现在以下几个方面：一是投入不足，保运转压力大，信息化建设、检验检测等技术支撑难以适应工作需要，办公条件特别是基层所的办公条件相当落后，执法装备严重不足。二是监管力量不足，基层监管人员特别是药学等专业人员严重缺乏，整个队伍年龄老化，后继乏人，人员的知识结构等不适应监管工作形势。三是深化改革任务繁重。一轮接着一轮的改革，使单位较长时间以来一直处于磨合期，给各项工作的推进增加了难度。

（二）公共法律保障制度不健全，法律服务基础相对薄弱

（1）公共法律服务的基础相对薄弱。这主要表现在人员力量、基础设施水平比较薄弱。现桃源县公共法律服务中心无专门工作人员，由法援中心负责，导致工作出现冲突，而公共法律服务体系需推进的工作太多，没有特定工作人员会抑制公共法律服务体系的创新和发展。

（2）公共法律服务保障制度不够健全。主要是群众法律需求的增长速度与法律服务群体的增长缓慢之间的矛盾。由于桃源县目前的法律服务资源不足，绝大部分的律师、法律服务工作者需要担任几个村的法律顾问，每月到村（社区）提供法律服务的时间较少，当群众出现法律诉求时不能及时出现，无法及时满足群众需求。在客观上，也造成了部分信访、行政诉讼、疑难复杂法律援助案件数量不断提升，但仍无人办理。

（3）线上线下的运行不成比例。有些群众特别是农村群众，对网络媒体不熟悉、不了解，即使有法律需求，仍习惯于采用传统方式来寻求法律帮助，有的甚至有需求却不知道到哪里去寻求法律帮助，耗费了大量的人力、物力和时间。公共法律服务站点形式化、牌匾化，如法网现成为法援中心的"专网"，未达到真正的目的。

第四节　桃源县进一步推进基本公共服务均等化水平的政策建议

一、多管齐下，加大对公共服务的支持力度

（一）加强对基层公共服务的支持力度

（1）加大对基层公共服务事业的财政扶持力度。进一步加大对基层公共服务项目的投入力度，适当降低中央预算内投资项目地方配套比例。近几年，中央都向桃源县下达了教育、卫生、保障性安居工程配套基础设施建设等一批中央预算内投资项目，但地方配套比例一般都在40%～50%；因地方财力有限，建议中央预算内投资比例最好达到80%以上，地方配套占20%以下。

（2）鼓励社会资本投资公共服务事业。当前在县一级，公共服务事业投入渠道仍然较为单一，较大的公共服务项目基本上还是以财政投入为主，民间资金、社会资本投向公共服务的还不多。建议上级出台相关优惠政策，进一步促进社会资本投向县级公共服务事业。

（3）加大对基层公共服务事业人才的培养力度。乡镇（村）一级基层公共服务人才梯次结构已出现断层，缺乏年轻后备力量，如科学技术（种植业、养殖业）服务指导等方面。

（二）加强师资队伍建设，促进家庭教育和学校教育相结合

（1）加强师资队伍建设。加大"乡村教师支持计划"力度，因地制宜采取多种形式、多重手段尽快解决从教人员不足问题，如对农村教学点和边远山区小学实行订单培养本籍人员当教师。加大师资培训力度，落实培训责任，解决教师职业倦怠状况，切实提升从教人员的素质。

（2）加强关爱机制建设。一是构建社会关爱体系。落实乡镇（乡）、村（居）委会、社区、街道责任，加强教育法育法规的普及，营造尊师重教氛围，形成关爱教育、关爱学生的体制机制。二是强化教育主体责任。充分发挥教育行政主管部门、学校在教与育方面的主体作用，切实改变重"教"轻"育"、重分数轻健康的不良倾向，以人为本，全面育人。三是加强家长学校建设。提高家长的认识，丰富家长的教育知识，明确家长的责任，达到家校共育的最佳效果。

（三）增加公共卫生投入，提升卫生队伍水平

（1）进一步加强组织领导。基本公共卫生服务均等化是一项民生工程，是政府的重要工作和职责。建议县政府将乡镇政府及相关部门落实基本公共卫生工作情况纳入年度目标责任制考核，建立健全长效管理工作机制，形成政府主导、部门配合、卫计主抓的格局，确保各项工作落到实处。

（2）进一步增加经费投入。建议县政府随着财力的不断增长，按一定比例逐年加大对公卫机构公共卫生事业的投入，确保公共卫生机构正常运转。

（3）进一步加强公共卫生队伍建设。一是加强队伍建设，对基层医疗机构公卫人员定岗定编，合理配置人员，优化人员结构，稳定专业队伍，完善基本公共卫生服务工作机制。二是完善村医养老保险政策，解决村医的后顾之忧。

（四）加大养老支持力度，实施养老服务改革试点

（1）建议修订《养老实施意见》的补贴范围和补贴标准。一是对社会养老服务机构实行床位补贴制度，补贴范围由"县城规划区内社会力量举办的、经县民政局验收达到国家运营标准的养老服务机构"延伸至社会力量举办的养老服务机构。二是提高补贴标准，新增床位补贴由现有的"每张给予1000元的资助，租用新增床位每张给予500元的资助"分别提高至3000元、1000元；社会力量举办的养老服务机构，"每接收一名户籍在本行政区域内的60周岁以上人员，按

照自理、半护理、全护理分别给予养老服务机构每月 100 元、300 元、500 元的运营补贴"。

（2）实施居家和社区养老服务改革试点。至 2020 年，在农村区域性养老服务中心建设方面，每个乡（镇）建立一所区域性养老服务中心，每个村至少建立一家"互助幸福屋"，农村"医养健康屋"覆盖率达到 40% 以上，服务设施 60% 已交由社会力量运营，重点保障失能老年人的养老需求，打造乡村养老"20 分钟服务圈"。在适老化设施改造方面，对全县 200 户失能、部分失能或高龄独居老年人家庭进行适老化改造。在住宅小区配套养老服务设施建设方面，新建住宅小区的养老服务设施配套率达到 100%，对老旧小区采取购置、置换、租赁等方式逐步完善，配套率逐年提高。

（3）明确养老服务保障措施。一是完善政策措施。健全和完善养老服务体系建设领导协调机构，明确各成员单位在选点规划、用地审批、产权登记、运营补贴奖励、人力资源配置等方面的职责。二是建立考评机制。发挥"县养老服务体系建设领导协调机构"的作用，加强督促协调，确定各成员单位在推动养老服务设施改造、项目建设（用地保障、评审申报、资金配套、规划许可、医养结合、专业服务人员教育和培训、职称评定，以及融资和运营风险评估、保险）等方面的职责和责任，发挥党委政府养老服务"保底"作用。三是建立议事制度。对有投资意向、社会力量兴办的 300 张床位以上规模的民办养老机构，"县养老服务体系建设领导协调机构"负责组织各成员单位，实行"一事一议"，在政策允许范围内，降低准入门槛，精简行政审批环节，建立"一门受理、一并办理"的并联审批平台，提高审批效率。

（4）增强公办养老机构规范发展力度。一是发挥敬老院的功能。在保证农村"五保"对象集中供养的前提下，支持供养机构改善设施条件并向社会开放。二是扩大公办福利中心养老供养规模。建议对现有福利中心周边闲置国有土地进行征收、置换，扩大养老规模，增设社会养老床位。三是加强村（居）养老服务设施管理和建设。加强对现有的农村幸福院、城乡养老服务示范点、日间照料中心等养老服务设施的规范化管理，对运营情况好、老人满意度高的城乡基层养老服务设施，建议上级民政部门通过以奖代补的形式，以每年 1 万 ~ 2 万元的标准对每个基层养老服务设施点下拨专项运营保障经费。并充分利用农村（社区）闲置院落、校舍等场所，通过改扩建等途径，增设日间照料中心、养老服务示范点等，以提高养老服务设施覆盖率，使其成为提供农村、社区养老服务的阵地和平台。

（5）加大政府养老兜底经费投入力度。一是增加敬老院建设资金的投入。根据当年的物价、工价等标准进行核算，再按照每新建一所敬老院拨付成本资金的标准将敬老院建设资金足额拨付到乡镇。二是增加乡镇敬老院的运转经费。建议上级财政设立乡镇敬老院日常运转经费项目。运转经费实行分块核算，具体包括乡镇敬老院工作人员工资、院内维修费用、设备添置、日常开支等费用，并建立逐年增长机制。三是拨付必要的敬老院"五保"老人住院护理费。建议将"五保"老人的日常护理费和住院护理费纳入财政预算，按照入住人数拨付一定比例的护理费用，解决重病、重残"五保"老人的后顾之忧。

（6）以项目带动养老产业发展。一是强化招商，项目带动。建议加大招商引资力度，引进知名企业和国外先进理念，做大做强养老产业。以政府保障性养老项目为引导，以社会资本投资养老项目为主体，促进养老产业健康发展。二是明确布局，示范带动。明确界定县域内养老产业空间布局，建议在县城东区合适地段，规划建设1平方千米以上的生态养老养生基地，打造一种集养老养生、休闲度假、文化娱乐、医疗保健于一体的新型休闲养老产业模式，吸引全县及周边区县市中、高收入的老年人到此休闲养老，并通过延伸链条，扩大规模，发挥生态养老养生基地的示范作用，带动全县不同类型、不同规模的养老项目建设；建议以现有县福利中心为基础，结合县儿童福利中心、残疾人福利中心拟建，统筹原肉联厂地块，科学规划设计、合理功能布局，打造县城集养老、托孤、助残等多功能为一体的普惠型福利中心。

（五）提升文化公共服务水平，促进文化产业发展

（1）树立全新理念，加强文化工作组织领导。从战略高度出发，充分认识当前进一步加强建设的重要性，不断强化发展文化事业的领导责任，真正把加强文化建设、推进城乡文化一体化发展纳入党委政府的重要议事日程，纳入经济发展规划，纳入财政支出预算，纳入扶贫攻坚计划，纳入干部晋升考核指标，与经济工作同部署、同检查、同考核。

（2）拓宽投入渠道，构建经费投入机制。一是增加财政投入的比例，形成稳定的经费保障机制；二是通过政府投入，积极引导企业和民间资本参与公益文化设施建设，确保乡村文化阵地不断扩大。同时，还要搞活市场运作，坚持产业化思维，降低文化市场准入门槛，制定相关优惠政策，鼓励农民自办文化，扶持民营剧团发展壮大。

二、加强农村基本公共服务

（一）强化农村发展内在动力

（1）组建基本农业公共服务中心。按照办公场所固定、设施完备、人员专职、服务规范、运行高效的原则，将农业、林业、牧业、渔业、农机、农产品质量安全、动物防疫等服务项目纳入基本农业公共服务体系，开展一站式服务，增强基层农技人员服务能力，完善服务创新机制。按"一乡镇（街道）一中心"设置，原则上要求单独设置机构，具有独立事业法人资格。根据服务工作的需要及相关政策规定，科学核定人员编制，配备与服务任务相适应的专兼职农技人员、仪器设备，建立健全目标责任制、服务承诺制、责任追究制等内部管理制度，形成现场指导、窗口受理、专家坐堂和预约、电话网络、QQ 或微信咨询服务等相结合的多种服务机制。

（2）加大农民技能培训力度。加强对专业技术培训的宣传力度与专业技术知识的普及力度；建立和完善新型农民培训体系，有效开展新型职业农民培育工程。为使培训工作落到实处，检验培训效果，开展考试等级证书以及职业农民职称评定试点工作。探索农业职业技能培训社会化服务制度，引导农民合作社、专业协会、龙头企业等主体进入农业实用技术培训行业，承担部分培训任务。

（3）构建全民参与、政企合作、投资多元化的公共服务投资体系。创新农业农村基本公共服务有偿模式，鼓励和引导社会力量参与，以政府投入带动社会资本跟进，满足人民群众基本的公共服务需求。建立有利于推进农业农村基本公共服务均等化的财政转移支付制度，完善政府购买基本公共服务的体制机制，加大在基本公共服务领域的政府购买力度。

（二）加大扶贫政策宣传力度，完善基础设施建设

（1）加大扶贫资金投入。通过争取上级政策支持，增加本级财政投入，加大行业部门资金项目倾斜力度，进一步完善贫困地区的基础设施和公共服务，实现均等共享的目标。

（2）统一项目布局与规划建设。打破行政界限，把基础相同、条件相近、地缘相接的贫困村组成小片区，统一扶持政策，统一布局项目，统一规划建设，最大限度地实现整体脱贫，分类施策。

（3）加大扶贫政策宣传力度。通过会议宣传、媒体宣传、干部进村入户宣

讲等多种模式,将扶贫的各项惠农政策传到千家万户。同时,加大对贫困人口的劳务输出力度,通过与外界接触提高对新事物的接受能力,不断转变思想观念。

(三)加强农村地区文化建设

(1)注重人才培养,提高从业人员综合素质。要充分调动农民群众参与文化活动的积极性,让群众担当起农村文化的主角,充分发挥农村文化能人的带动作用,在各村(社区)建立群众自己的文艺队伍,广泛开展群众喜闻乐见的文化活动,实现自主参与、自我管理、自由演出、自娱自乐的群众参与格局。同时,要加强文化骨干培训,积极扶植农村业余文化队伍定期或不定期地举办书法、美术、舞蹈、器乐等各种培训,促使乡村队伍加速成长。

(2)加强整体联动,实现资源共享协调发展。当前,乡镇之间、村居之间文化发展水平参差不齐,要加大力度统筹乡镇、村居文化协调发展,实现互促互进、共建共享,做好帮扶工作。

(3)丰富活动内容,满足农民精神文化需求。农民既是乡村文化的创造者,也是乡村文化的受益者。要根据农民群众精神文化需求的变化,丰富活动内涵、创新活动形式,开展多形式、多层次的群众文化活动。要以政府为主导,以农户为对象,以舞台为载体,利用重大会议、节假日、庆典等开展大型文艺汇演,在农村节庆日、农村集市日等时机适时举办小型农村文艺节目调演,有效地将传统节目与现代节目、民俗表演与政策形势宣传有机结合起来,为农民群众提供健康向上的文化生活。

三、深化体制改革,着力提升发展环境

(一)积极营造良好营商氛围

(1)强力推进食品药品安全体制机制建设。精心打造 12315 消费维权"第一品牌",确保消费者合法权益得到有效保护。创新方式、落实责任,全力维护市场公平竞争秩序,确保食品药品、特种设备、产品商品质量"三大"安全。特别是对食品,一定要按照食品安全监管关口前移、工作重心下移的总体要求,全面推行乡镇、街道建立基层监管所建设。按照专业技术人才引进战略要求,全面实施食品药品监督管理局 2018~2020 年人才招录规划。

(2)简化行政审批,全力服务县域经济发展。大力推行企业登记"多证合一、一照一码"、全程电子化,电子营业执照,确保企业、群众办事"最多跑一

次"或"一次都不用跑"目标实现。实施商标兴县、质量强县战略，提升企业市场竞争力和县域经济发展能力。

（二）加大法律宣传力度，提高公共法律服务水平

（1）加快形成"政府主导、社会参与"的公共法律服务工作格局。建议市司法局加强指导和协调，出台相关政策，创建社会参与公共法律服务的平台和载体。通过项目研发、政策扶持、表彰奖励、社会宣传等多种方式，不断丰富和提升公共法律服务的社会共建共享度，尤其是对于群众普遍需求的公益性法律服务，注重发挥法律服务机构、社会团体、社会组织和志愿者的作用，可以县法律援助中心法律服务志愿团为依托，通过基层组织推荐，鼓励不同阶层、不同职业、不同年龄具有法律专业知识的社会公众积极参与法律援助志愿服务，着力培育法律服务志愿者的品牌，积极拓展律师、公证、基层法律服务等领域，不断增强法律志愿者服务的生命力和影响力。

（2）建立优秀的法律工作者引入信访接待工作机制，适当给予经济补助。组织律师、基层法律工作者参与处理敏感性、群体性涉法上访工作，引导群众以理性方式反映利益诉求，为有效防止社会矛盾激化提供法律服务。这期间需花费法律工作者大量的精力和一定的财力，建议市局出台相应的规定对相关人员给予适当的交通费、通讯费和值班费补助。

（3）加大宣传与教育力度，让群众知晓公共服务的项目、申报的方式与途径。加大乡、村两级公共法律服务人员的教育、培训力度，增强为民法律服务的意识与水平。同时加大科技投入，考虑开发手机 APP，让群众这样普遍性供应群众法律需求的软件或公众号，有利于群众学法，法律咨询也更为方便。

第六章 总结与思考

第一节 加强党的领导，强化基本公共服务政治保障

党的领导是实现基本公共服务均等化的根本保障。中共十七大将"注重实现基本公共服务均等化"作为统筹城乡发展、促进区域协调发展的重要手段。中共十八大将基本公共服务均等化提升为全面建成小康社会和全面深化改革开放的重要目标，人民生活水平全面提高的重要内容。中共十九大明确指出，基本公共服务均等化基本实现是 2035 年基本实现社会主义现代化的衡量标准之一。公共服务本质上是由政府向民众提供的一类不以营利为目的的服务，其服务的对象是整个民众，因而均等化是其内在要求。相关政府部门科学贯彻落实基本公共服务均等化要求，离不开各级党组织的正确领导。

例如，长沙县委始终将民生作为全县发展的头等大事来抓。长沙县第十二届党代表大会提出了"幸福与经济共同增长、乡村与城市共同繁荣、生态宜居与发展建设共同推进"（即"三个共同"）的发展思路。第十三届党代表大会更是明确了"坚持民生立县，着力迈向美好幸福新时代"的发展战略，同时提出了"一定要始终突出全民共享、全面共享和共建共享，努力让全县人民更好地共享改革发展成果，不断提升群众幸福指数"总体要求。在上述方针的指引下，长沙县的民生事业蓬勃发展，2016 年率先实现了全面建成小康社会的目标，成为闻名全国的幸福之城。

长沙县委不断加强和改进党的领导，把基层党的建设与基本公共服务有机结合起来，在全省率先制定出台城市基层党建引领社会治理 13 条意见。在 5 个街道、83 个社区建立了"一站式"办公服务的党建服务中心，先后成立了 120 多

家"两新"组织党组织、17 个小区党支部、1 个楼宇党支部，组织所有"两新"组织和垂管单位党组织与 83 个社区党组织结对共建，构建了以街道党工委为核心、以枢纽型党建服务中心为支撑点、以辖区内各类党组织为基础的"1 + 1 + N"区域化城市基层党建新模式。通过成立住宅小区（街区）党组织，构建"小区党组织 + 业主委员会 + 物业服务企业"三方联动的治理服务体系。完善街道大工委、社区大党委工作机制，按照"专职委员 + X"模式配强街道党工委和社区党组织兼职委员。同时，全面建立健全街道、社区、网格（小区、街区）党建线上和线下服务平台，建强"组团式"线下服务队伍，让信息多跑路、让群众少跑腿。建立群众需求清单、民生项目清单、服务资源清单"三张清单"，实现供需对接、精准服务。

第二节　提升经济实力，保障基本公共服务资金投入

要辩证地看待基本公共服务均等化与经济发展之间的关系。不可否认，过去片面强调"经济建设为中心"确实对基本公共服务均等化产生了一定的负面影响，主要是形成了两种偏向问题（李新光，2018）：一是在各级政府尤其是地方政府将财政投入较快生产 GDP 的项目上而忽视公共服务供给的这种公共财政体制下，加上 GDP 成为干部考核的核心或是唯一指标，使财政投入偏向"GDP"导致基本公共服务供给不足、质量不高；二是新中国成立初期为迅速恢复国民经济，采取的先工业、城市、工人后农业、农村、农民的城市偏向型发展战略，促使公共财政也偏向前者，造成了非均等化的出现并日益严重。

因此，考虑到中国人口众多、社会结构异质化程度高等特点，实现基本公共服务均等化又要将社会公正作为具有根本性的价值导向（张贤明和高光辉，2012），要深入贯彻均衡发展和建设和谐社会的指导理念（吕炜和王伟同，2008），特别是贯彻落实习近平中国特色社会主义思想所倡导的共享发展和协调发展理念，改变"唯 GDP"的经济发展观。

不过，从马克思揭示的社会发展规律来看，基本公共服务均等化要建立在生产力发展的基础上，随生产力的发展而逐步实现（苗婧，2017），因而基本公共服务均等化的实现离不开经济发展。或者说，发展好经济仍然是实现基本公共服

务均等化的根本途径，特别是不能忽视区域经济的发展对均等化实现的推动作用（翟羽佳，2013）。

课题组通过调研发现，通过经济建设积累的财富能够为基本公共服务均等化提供强大的资金投入保障。基本公共服务是由政府提供的与经济社会发展水平相适应的服务，其质量和均等化程度对财政资金投入有很大的依赖性。

仍以长沙县为例。近年来，长沙县通过创建国家级经济区园区，有计划地引进实力雄厚的国内外企业，建立起了强大的制造业体系，农业和服务业也取得了突破性发展，有力地推动了县域经济建设，并带来了全县财政收入的持续快速增长。1978年，长沙县财政总收入仅为1919万元，收入结构以农业税和上级划拨为主。改革开放后，经过长沙县人民的努力奋斗，财政总收入在1990年突破1亿元、2003年突破10亿元、2011年突破100亿元、2014年突破200亿元、2017年达到285.9亿元，并在2018年突破300亿元，超过全省80%的地州市。

在财政支出方面，长沙县把民生事业放在财政保障首位，坚持财力向民生领域倾斜，有力地提升了长沙县基本公共服务均等化水平。一方面，长沙县各类基本公共服务的资金投入逐年快速上升。例如，2015年，全县财政性教育经费投入总量达到9.69亿元（不含中央资金、经开区、镇街等各项投入，不完全统计各项投入近14亿元、镇街教育投入2082.7万元），与2010年相比，增加4.3亿元，增幅达到79.6%。2013~2015年，全县共投入中小学建设资金达10.29亿元，新、改、扩建公办幼儿园34所，发展普惠性民办幼儿园120所。建成省市义务教育合格学校180多所，提质改造义务教育薄弱学校80多所，实现义务教育阶段合格学校和规模学校的"校校通"全覆盖。合作办学有序拓展。探索实施对口支援、委托管理等优质教育资源拓展模式，新增品牌学校9所，城区义务教育阶段优质学校比例超过80%。另一方面，长沙县的基本公共服务覆盖面从常住人口扩展到了流动人口。2018年，长沙县基本公共卫生服务人口91.6万人，其中户籍人口78.6万人，流入常住人口13万人，辖18个镇（街）。全县共有流动人口约26.53万人，其中流入人口约21万人。目前，长沙县已通过统筹协调，强化保障，全面开展流动人口基本公共卫生计生服务均等化工作；实时交换，信息共享，促进流动人口基本公共卫生计生信息数据互联互通；以人为本，保障基层，全力推进流动人口服务均等化免费服务，实现了流动人口与户籍人口在公共卫生服务、计生协会、精准扶贫和奖扶工作同安排、同部署、同考核，镇街与医疗机构实现系统共建、信息互通、活动共办、资源共享。

第三节 转变政府职能，改善基本公共服务质量效率

转变政府职能、建设人民满意的服务型政府是提升基本公共服务均等化的关键，也是中共十九大提出的深化机构和行政体制改革的重要内容。中共十八大以来，以习近平同志为核心的党中央从全局出发，把"放管服"改革作为政府职能转变的"先手棋"和"当头炮"，要求在简政放权的同时，不断优化政府服务。长沙县在转变政府职能方面率先推出了一系列有力举措，大大地促进了基本公共服务质量和效率的改善。

行政审批效率关系到群众、企业切身利益，是部门审批行为的核心问题。长沙县以流程再优化为突破口，以精简审批环节为着力点，围绕审批服务提质增效不放松，取得突破性进展。通过深化行政审批制度改革，长沙县提升政务服务水平，努力打造服务型政府的基层窗口，让简政放权在"最后一公里"落地生根，让企业和群众办事更方便、更高效，提高企业、群众对"放管服"改革工作的获得感和满足感。

长沙县政务中心集中了全县24个行政职能部门、400余名工作人员、483项行政审批和公共服务事项，面积有9000余平方米，设置了社保、办税、不动产查询等智能便民自助平台。政务中心作为服务企业、服务群众的第一窗口，深化"放管服"改革、改善营商环境的第一阵地，主动适应并立足"三湘第一县"的高站位、高起点、高标准，恪守便民利企初衷、坚守服务至上理念、发扬勇于创新精神，在整合各类服务资源，打造便捷高效的政务环境的同时，主动组织帮代办服务，将"政府干部"培养成企业小管家、民生引导员，由被动"等你办"变为主动"帮你办"，将服务群众做得更有温度。武陵源区和桃源县也在转变政府职能方面采取了多项措施，如大力推进商事制度改革、营造公平竞争环境、不断加强消费者保护等。

就目前来说，我国的基本公共服务主要是由政府供给，应该以实现基本公共服务均等化为目标来转变政府职能，建设公共服务型政府。在基本公共服务供给领域合理界定"政府"和"市场"的关系，能由市场供给的政府不再直接承办，同时要将基本公共服务供给纳入政府考核管理指标（李新光，2018）。在政府供

给与公共需求的结构失衡问题日益凸显的情况下，除充分利用好 PPP 模式提供基本公共服务（周燕和梁木梁，2006）的模式外，还可以充分调动社会组织、企业等多元化供给主体以及开发收购、承包、参股、租赁等多元化供给渠道，调整政府对基本公共服务供给的结构，逐步实现多元化的供给，使之符合公众的差异化需求偏好，推动国内基本公共服务均等化的实现（郭小聪和代凯，2012；时圣玉，2016）。

同时，发挥政府在基本公共服务均等化中的主导作用，还要加强法律保障以及相关第三方的辅助作用。实现基本公共服务均等化过程中法制制度具有重要作用，要建立专司基本公共服务均等化的部门，同时构建基本公共服务供给动态监测体系和监测与评估制度（张忠利和刘春兰，2013）。不同于发达国家普遍先制定公共服务均等化的相关法律和政策，之后才有均等化的具体实践，我国基本公共服务均等化领域存在界定、执行和完善的困难的根源就在于尚未出台专门的法律法规（曾保根，2013；文波和文敏，2017）。因此，地方政府也要尽快结合本地区经济社会发展情况，出台符合国家相关法律法规的内容全面、可操作性强的地方政策法规（时圣玉，2016）。政府可通过与第三部门间建立"伙伴关系"，如通过委托、撤资和代替三种方式推动私人部门来提供基本公共服务（Waddock，1991；Savas，1992）。考虑到各地区经济发展水平和资源禀赋的差异，各级政府应改善地区金融生态环境，优化金融体系结构，充分利用地域优势，使金融体系这一第三方的辅助可以更好地服务于公共财政领域（林子辰和关悦，2014）。

第四节　改革体制机制，完善基本公共服务均等化制度保障

结合本次调研和相关研究来看，基本公共服务均等化还面临很多深层的体制机制障碍，其中比较突出的体制机制原因有二。一是分税制对地区间基本公共服务均等化的影响。除了地区间资源禀赋本身的差异及其导致的经济发展差异外（丁焕峰，2010），分税制的不完善是造成地区间基本公共服务非均等化的重要原因。由于我国分税制改革没有到位，中央地方职责存在多方面的错位以及财力事

权的不匹配，而且县乡级财力不足且不均等，严重影响了地方基本公共服务的供给能力，即便是各地的财政支出均等，使用效率的不同也会导致不同水平的供给（倪红日等，2012；张迪，2017；李新光，2018）。课题组调研的四个县（区）中，除长沙县在基本公共服务均等化方面的财政投入相对充裕外，其他三个县（区）均面临财政紧张的问题。二是"城乡二元结构"所导致的基本公共服务城乡差距问题。课题组所调研的四个县（区）都程度不同地存在城乡基本公共服务不平衡问题。其根源就是"城乡二元结构"利益固化的财政政策以及城乡居民社会权利不平等的偏向性户籍制度，导致局部地区城乡公共服务差异大（乔俊峰，2014；李燕凌和彭园媛，2016）。我国的"城乡二元结构"，特别是长期实施的户籍制度，是中国现阶段推进基本公共服务均等化面临的独特的问题（许仁家，2014），凸显了我国基本公共服务均等化面临的独特调整，由此决定了我国基本公共服务均等化面临的挑战远比西方国家复杂得多。我国的基本公共服务均等化，由于受城乡二元的户籍制度和公共服务体制的限制，特别是农民工在融入城市的过程中享受基本公共服务的权利仍得不到保障，存在满足农民工基本公共服务需求所需的财政投入来源仍不确定以及随着给予农民工的公共服务越多，会引致更多农民工流入从而超出城市政府公共服务承载能力的问题，阻碍着"均等化"的实现（陈文权和张欣，2008；徐增阳和翟延涛，2012）。鉴于上述体制机制上的缺失和不健全已经阻碍到基本公共服务均等化的实现，因而必须加以改革。一是在财政体制上改革，解决财政投入存在的问题，扭转政府城市偏向型的公共服务供给偏好，使中央和地方的权责更加明确。二是通过转移支付制度缓解地区不平衡。三是大力推进户籍制度改革，破除"城乡二元结构"。

一、深化公共财政体制改革

在转轨过程中形成的政府城市型偏好、我国税收体制下税权的高度集中导致的地方财力不足以及政府间财权与事权的不合理等问题解决需要在财政体制改革上下功夫（郑智馨，2009）。首先要转变政府偏好和加大财政投入。吕炜、王伟同（2008）指出，为缓解由于政府行为造成的基本公共服务供给不足，可通过制度和政策层面的设计来改变现有财力下的政府偏好和效率。大部分学者同意加大财政投入有助于基本公共服务均等化的观点，同时也要调整支出的结构，尤其是地方政府通过获得必要的税收立法和相关政策制定权，能得到提供基本公共服务的适量资金（郑智馨，2009；林阳衍等，2014）。其次要合理界定政府间权责。解决当前分税制财政体制下存在的地方财政的事权与财力不匹配问题，要合理划分中央政府和地方政府职责，坚持收入相对集中和支出的相对分权，建立适应中国国情的、兼顾激励与均等的财政管理体制（倪红日和张亮，2012）。除理顺政府间关系、强化政府职能外，可通过借助国家治理体系现代化推进基本公共服务均等化，实现政府、市场与社会的协同治理（张紧跟，2015）。完善公共财政体制还需在中央和省一级专门设立基本公共服务均等化援助管理机构，并确定援助对象及项目和形式（任超然和曾益，2016）。

二、改革转移支付制度

通过提高转移支付比例，调整转移支付结构，探索创新，进一步优化和完善转移支付制度。均衡性转移支付在一定程度上有利于改善地区间的不平等程度以维持政治的长期稳定（Egger，2010）。同时也要优化转移支付制度配置标准，建立科学的转移支付资金使用绩效评价体系和无缝管理机制，使一般性转移支付比重进一步提高（李伟和燕星池，2014）。在我国地方政府"重投资，轻民生"的支出偏好条件下，按因素法分配资金的专项转移支付（即分类拨款）对基本公共服务均等化政策目标的实现最有效（贾晓俊等，2015）。转移支付作为解决非均等化的有效工具，同样也存在结构不合理导致的"富者越富，穷者越穷"的马太效应问题，以致扩大了非均等化的程度，进而要调整转移支付的形式和结构，取消税收返还和体制补助等形式；可以在横向转移支付上探索创新，通过借鉴公司合作伙伴模式来有效规范同级政府之间财政资源的重新配置，引导社会资本的跨区域流动，增强各地方政府之间的有益竞争；也可以借鉴发达国家的均衡性转移支付和以美国为代表的政府间多种形式组合的转移支付制度，不断优化转移支付制度使之适应我国的发展需要，推动基本公共服务均等化的实现（吴昊和陈娟，2017；文波和文敏，2017；李新光，2018）。

三、加快推进户籍制度改革

在城乡基本公共服务均等化的实现上，除了通过调整发展战略来提高农村的发展地位、完善农村问责制度以及通过政府帮扶和农村自组织行动以提高需求的针对性等关于农村基本公共服务均等化的实现途径外，同时要重视以政府责任为视角的户籍制度改革对解决"城乡二元结构"的作用，户籍制度的改革可以进一步缩小城乡居民间的收入和身份差距，推动基本公共服务均等化的实现（时圣玉，2016；刘美萍，2017）。在城镇化的进程中，将城市非户籍人口纳入基本公共服务范围，满足城镇常住人口的基本公共服务需求，通过完善户籍制取消后的分类保障机制，让弱势群体的博弈能力得以加强（童光辉和赵海利，2014；于波，2016）。

第五节　推进生态建设，构筑基本公共服务绿色底蕴

保护好绿水青山、创造更好的生态环境是提高基本公共服务水平的必然要求。例如，长沙县围绕"让城市融入自然、让自然涵养城市"的目标，不断加大生态环境保护的投入和执法力度，有效地提升了全县的生态环境质量，初步探索出了一条符合实际、富有特色的绿色发展之路，相继获得"国家卫生县城""国家园林县城""国家生态示范县""中国人居环境范例奖""全国十佳'两型'中小城市"等荣誉，改善了群众的生活品质。其他几个调研地区同样将生态建设作为推进基本公共服务均等化的重要途径。如炎陵县围绕"以炎帝文化为特征的生态旅游强县"发展目标，打造"山水园林旅游城市"；武陵源区努力创建国家森林城市、省级园林城市，大力推进生态普惠；桃源县则把加强农村环境污染整治与美丽乡村建设紧密结合起来。

（1）在控制源头污染上实现突破。全面落实建设项目环境影响评价和"三同时"制度，以扎实开展环保专项行动为契机，强化排查、摸清底数，重点抓好未批先建、未验先投工业企业类建设项目整治工作，加大力度，分类施策，坚持"验收通过一批、整改验收一批、关停并转一批"，逐步扫清历史欠账，把环保工作由重审批轻监管向重监管重审批转变。严格准入管理，坚决从源头上控制污染。

（2）在执法手段上实现突破。多举措、零容忍，进一步加强环境执法监管，在严格执法、依法行政的过程中，从服务入手，坚持在服务中执法，在执法中服务的理念，突出和执法局部门联动执法，围绕"五水共治"重点工作，加大涉

水案件执法力度，运用行政约谈、媒体曝光等多种手段对环境违法行为进行综合惩处；积极推进与司法、纪检监察部门的合作，加大对违法企业责任人的责任追究。以新《环保法》实施为契机，尤其是在查处环境违法犯罪重大案件上取得突破，起到震慑教育效果。

（3）在解决群众环境权益问题上实现突破。牢固树立"群众权益无小事"的观念，要以化解环境信访积案和突出环境信访问题为重点，开展环境污染矛盾纠纷排查化解工作，做到环境信访"件件有落实，事事有回音"。对群众投诉及上访的，严格做到快事快办、特事特办。对因企业违法排污造成的群众信访及直接涉及群众权益的重点难点问题，主要领导亲自接访、亲自调度、亲自督办、快查快结。基本实现群众满意的目标。

（4）在环境保护管理制度探索上实现突破。健全生态环境管理和保护的体制机制，进一步完善资源有偿使用和生态补偿制度，继续推行企业环境风险强制保险制度。创新发展生态经济的激励机制，出台生态经济激励政策。建立生态环境损害责任终身追究制；深入推进"零碳县"创建，加快碳排放信息平台和碳交易平台建设。

参考文献

[1] 安体富,任强.公共服务均等化:理论、问题与对策 [J].财贸经济,2007 (8):48-53,129.

[2] 安体富,任强.中国公共服务均等化水平指标体系的构建——基于地区差别视角的量化分析 [J].财贸经济,2008 (6):79-82.

[3] 常修泽.中国现阶段基本公共服务均等化研究 [J].中共天津市委党校学报,2007 (2):66-71.

[4] 陈昌盛,蔡跃洲.中国政府公共服务:基本价值取向与综合绩效评估 [J].财究研究,2007 (6):20-24.

[5] 陈辰,叶映红.城乡基本公共服务均等化保障制度与政策研究 [D].广西师范学院硕士学位论文,2012:15.

[6] 陈文权,张欣.十七大以来我国理论界关于"基本公共服务均等化"的讨论综述 [J].云南行政学院学报,2008 (5):41-45.

[7] 陈先枢,黄启昌.长沙经贸史记 [M].长沙:湖南文艺出版社,1997.

[8] 丁元竹.我国现阶段基本社会保障均等化初步评估 [J].国家行政学院学报,2009 (6):64-69.

[9] 范逢春.建国以来基本公共服务均等化政策的回顾与反思:基于文本分析的视角 [J].上海行政学院学报,2016,17 (1):46-57.

[10] 高萍.区域基本医疗卫生服务均等化现状、成因及对策——基于全国各省面板数据的分析 [J].宏观经济研究,2015 (4):90-97,152.

[11] 郭小聪,代凯.供需结构失衡:基本公共服务均等化进程中的突出问题 [J].中山大学学报(社会科学版),2012,52 (4):140-147.

[12] 国家发展改革委宏观经济研究院课题组.促进我国的基本公共服务均等化 [J].宏观经济研究,2008 (5):7-12,21.

［13］韩增林，李彬，张坤领. 中国城乡基本公共服务均等化及其空间格局分析［J］. 地理研究，2015，34（11）：2035 - 2048.

［14］和立道. 医疗卫生基本公共服务的城乡差距及均等化路径［J］. 财经科学，2011（12）：114 - 120.

［15］湖南省长沙县志编撰委员会. 长沙县志［M］. 北京：生活·读书·新知三联书店，1995.

［16］贾晓俊，岳希明，王怡璞. 分类拨款、地方政府支出与基本公共服务均等化——兼谈我国转移支付制度改革［J］. 财贸经济，2015（4）：5 - 16，133.

［17］姜鑫，罗佳. 基于泰尔指数的城乡义务教育均等化评价［J］. 技术经济与管理研究，2012（12）：104 - 107.

［18］李婷. 基本公共服务均等化研究综述［J］. 学理论，2013（36）：3 - 5，13.

［19］李伟，燕星池. 完善财政转移支付制度促进基本公共服务均等化［J］. 经济纵横，2014（2）：17 - 21.

［20］李伟. 我国基本公共服务均等化研究［M］. 北京：经济科学出版社，2010.

［21］李新光. 我国基本公共服务均等化：内涵、困境与对策［J］. 改革与战略，2018，34（2）：90 - 93.

［22］李雪萍，刘志昌. 基本公共服务均等化的区域对比与城乡比较——以社会保障为例［J］. 华中师范大学学报（人文社会科学版），2008（3）：18 - 25.

［23］李艳霞. 国外基本公共服务均等化研究综述［J］. 佳木斯职业学院学报，2017（8）：418 - 419.

［24］李燕凌，彭园媛. 城乡基本公共服务均等化的财政政策研究［J］. 财经理论与实践，2016，37（3）：56 - 61.

［25］林阳衍，张欣然，刘晔. 基本公共服务均等化：指标体系、综合评价与现状分析——基于我国 198 个地级市的实证研究［J］. 福建论坛（人文社会科学版），2014（6）：184 - 192.

［26］刘美萍. 新时代城乡基本公共服务非均等化——表现、成因与治理之道［J］. 厦门特区党校学报，2017（6）：29 - 33.

［27］刘尚希. 基本公共服务均等化：现实要求和政策路径［J］. 浙江经

济，2007（13）．

[28] 吕炜，王伟同．我国基本公共服务提供均等化问题研究——基于公共需求与政府能力视角的分析 [J]．财政研究，2008（5）：10 - 18.

[29] 麻宝斌，董晓倩．中国公共就业服务均等化问题研究 [J]．东北师范大学学报（哲社版），2009（6）：82 - 87.

[30] 马慧强，韩增林，江海旭．我国基本公共服务空间差异格局与质量特征分析 [J]．经济地理，2011（2）：212 - 217.

[31] 苗婧．马克思公平理论视角下的区域基本公共服务均等化 [J]．经济研究参考，2017（62）：45 - 49.

[32] 倪红日，张亮．基本公共服务均等化与财政管理体制改革研究 [J]．管理世界，2012（9）：7 - 18，60.

[33] 乔俊峰．社会权利、偏向制度安排与城乡基本公共服务均等化 [J]．河南师范大学学报（哲学社会科学版），2014，41（3）：65 - 67.

[34] 任超然，曾益．转移支付纵向分配结构的财力均等化效应研究：基于省内县际差异的视角 [J]．中央财经大学学报，2016（8）：15 - 24.

[35] 时圣玉．城乡基本公共服务均等化实现机制研究——以政府责任为视角 [J]．新西部，2017（16）：49 - 50.

[36] 司俊霄，朱坚真．基于均等化视域的农村基本公共服务研究综述 [J]．岭南学刊，2017（1）：47 - 52.

[37] 唐钧．基本公共服务均等化保障 6 种基本权利 [J]．时事报告，2006（6）．

[38] 童光辉，赵海利．新型城镇化进程中的基本公共服务均等化：财政支出责任及其分担机制——以城市非户籍人口为中心 [J]．经济学家，2014（11）：32 - 36.

[39] 涂小雨．基本公共服务均等化研究综述 [J]．商业时代，2014（1）：95 - 98.

[40] 王善迈．教育公平的分析框架和评价指标 [J]．北京师范大学学报（社会科学版），2008（3）：93 - 97.

[41] 王玮．公共服务均等化：基于比较视角的分析 [J]．财贸经济，2008（5）：70 - 73.

[42] 王鑫．对基本公共服务均等化因素分析的探讨和反思 [J]．学理论，

2018（2）：86－88.

　[43] 王郁，范莉莉. 环保公共服务均等化的内涵及其评价 [J]. 中国人口·资源与环境，2012，22（8）：55－62.

　[44] 魏福成，胡洪曙. 我国基本公共服务均等化：评价指标与实证研究 [J]. 中南财经政法大学学报，2015（5）：26－36.

　[45] 文敏，文波. 发达国家推进基本公共服务均等化的实践经验及启示 [J]. 中共云南省委党校学报，2017，18（1）：159－163.

　[46] 文敏，文波. 国内外基本公共服务均等化研究综述 [J]. 昭通学院学报，2016，38（3）：73－78，89.

　[47] 吴根平. 我国城乡一体化发展中基本公共服务均等化的困境与出路 [J]. 农业现代化研究，2014，35（1）：33－37.

　[48] 吴昊，陈娟. 基本公共服务均等化的实现路径新探 [J]. 云南社会科学，2017（2）：64－69.

　[49] 武力超，林子辰，关悦. 我国地区公共服务均等化的测度及影响因素研究 [J]. 数量经济技术经济研究，2014，31（8）：72－86.

　[50] 武义青，赵建强. 区域基本公共服务一体化水平测度——以京津冀和长三角地区为例 [J]. 经济与管理，2017，31（4）：11－16.

　[51] 谢芬，肖育才. 财政分权、地方政府行为与基本公共服务均等化 [J]. 财政研究，2013（11）：2－6.

　[52] 熊兴，余兴厚，敬佳琪. 城乡基本公共服务均等化问题研究综述 [J]. 重庆理工大学学报（社会科学版），2018，32（4）：43－50.

　[53] 徐增阳，翟延涛. 农民工公共服务的现状与意愿——基于广东省 Z 市调查的分析 [J]. 社会科学研究，2012（6）：61－65.

　[54] 雅诺什·科尔奈. 转轨中的福利、选择和一致性——东欧国家卫生部门改革 [M]. 翁笙和译，北京：中信出版社，2003.

　[55] 于波. 城镇常住人口基本公共服务均等化体制分析 [J]. 创新科技，2016（11）：59－61.

　[56] 岳军. 公共服务均等化、财政分权与地方政府行为 [J]. 财政研究，2009（5）：37－39.

　[57] 曾保根. "基本公共服务均等化"立法恪守的四项原则 [J]. 云南行政学院学报，2013，15（3）：108－111.

［58］翟羽佳. 河南省 2011 年基本公共服务均等化水平测度与分析［J］. 地域研究与开发，2013，32（5）：57 – 61.

［59］张紧跟. 论国家治理体系现代化视野中的基本公共服务均等化［J］. 四川大学学报（哲学社会科学版），2015（4）：5 – 12.

［60］张贤明，高光辉. 公正、共享与尊严：基本公共服务均等化的价值定位［J］. 吉林大学社会科学学报，2012，52（4）：5 – 12，159.

［61］张忠利，刘春兰. 发达国家基本公共服务均等化实践及其启示［J］. 中共天津市委党校学报，2013，15（2）：72 – 76.

［62］郑晓曦，余梦秋. 基本公共服务均等化内涵综述［J］. 经贸实践，2017（5）：290.

［63］郑智馨. 公共服务均等化问题研究综述［J］. 产业与科技论坛，2009，8（12）：221 – 223.

［64］周燕，梁木梁. 国外公共物品多元化供给研究综述［J］，经济纵横，2006（2）：74 – 76.

［65］Savas E. S. Privatization：The Key to Better Government［M］. London：Chatham House，1987.

［66］Psacharopoulos G. Unequal Access to Education and Income Distribution：An International Comparison［J］. De Economist，1977（3）：383 – 392.

［67］Sheret M. Equality Trends and Comparisons for the Education System of Papua New Guinea［J］. Studies in Educational Evaluation，1988（1）：91 – 112.

［68］Egger P.，Koethenbuerger M.，Smart M. Do Fiscal Transfers Alleviate Business Tax Competition? Evidence from Germany［J］. Journal of Public Economics，2010，94（3）：235 – 246.

［69］Waddock SA. A Typology of Social Partnership Organization［J］. Public Administration and Society，1991，22（4）：480 – 515.

［70］Samuelson P. A. The Pure Theory of Public Expenditure［J］. Review of Economics & Statistics，1954，36（4）：387 – 389.

调研侧记①

2018 年 4 月 9～13 日，调研组分为两队，其中一队赴张家界武陵源区和常德市桃源县调研，另一队赴湖南炎陵县、安仁县调研；2018 年 6～7 月，结合改革开放四十周年百县调研活动，课题组三赴长沙县调研。通过深入工业园区、企业、医院、学校、图书馆、文化站、街道、村镇的实地调研，对该县的基本公共服务均等化进行了考察，以及与各级政府部门、企事业单位代表座谈，经过认真分析思考，形成本调研报告。

一、武陵源区、桃源县调研

4 月 10 日下午，调研组与武陵源区政府相关部门进行了座谈，武陵源区发改委、经信委、财政局、科技局、环保局、国土资源局、建设局、交通运输局、农业局、统计局、市场监管局、金融办、国税局等相关部门人员参与了此次座谈。李文军研究员在听取武陵源区市各部委关于武陵源区基本公共服务均等化发展的相关方面介绍后，对武陵源区在社会保障和就业、医疗卫生、公共教育、城乡社区、环境保护、交通运输、金融服务等领域取得的成就给予了高度肯定。武陵源区宣传部部长李鑫主持会议。

4 月 12 日上午，课题组一行人首先对桃源县莲花湖社区进行了实地考察。相关负责人对社区功能发展变化进行了详细的介绍，社区通过设立劳动保障服务中心、残疾人协会、妇女之家、留守儿童工作站等为社区内居民提供就业服务、维权保障服务平台，同时社区统一设立民政事务、社会救助、劳动就业、社会保障、党建工作等窗口，从而为居民处理民政事务增加便利，提供寻求社会救助平台，促进社会劳动就业，加强社会保障体系建立，保障党建工作顺利进行。通过以社区为中心，达到以点

---

① 由窦若愚、刘玉玲执笔。

带线、以线带面，从而全面保障每个居民都能有机会、有平台享受基本公共服务。

图1　调研组与武陵源区政府相关部门座谈

图2　调研组实地考察桃源县莲花湖社区

随后课题组一行对桃源县文化体育中心、创业孵化园以及工业园区进行了实地调研。宣传部余部长对各调研地点进行了详细的介绍，表示桃源县立足于创新、协调、绿色、开放、共享的发展理念，不断增加公共服务供给，坚持普惠性、保基本、均等化、可持续方向。文体中心建成于 2015 年，设有文化广场、足球场、篮球场，为丰富居民的文化生活和娱乐生活提供了场地。创业孵化园入驻有桃源木雕、木雕雅趣、章鸭子等四十家企业，为推进传统文化产业发展、激发人民创业积极性、增强企业创新能力提供了一系列政策支持。工业园区内是以有色金属及新材料、电子信息为主，以智能装备制造、农副产品和富硒健康食品加工为辅的"两主两辅"产业体系，为打造特色产业、整合优化资源、促进资源共享提供了有利环境，切实降低了企业运营成本。

图 3　调研组实地考察桃源县创业孵化园

4月12日下午，调研组与桃源县县政府相关部门进行了座谈，桃源县发改委、经信委、财政局、科技局、环保局、国土资源局、建设局、交通运输局、农业局、统计局、市场监管局、金融办、国税局等相关部门人员参与了此次座谈。座谈会上，王红博士、韦结余博士以及陈金晓博士等结合实地调研观察情况，与各部门负责人进行了深入细致的交流与探讨，就各部门目前推行基本公共服务均等化方面存在的问题进行了深入沟通。同时，课题组对桃源县立足于顶层设计，全面推动特色产业发展、鼓励发扬传统文化、不断强化交通网络构建、加快引进一流教育资源、不断促进医疗体系完善、持续扩大社会保障覆盖网等方面做出的成绩给予了高度肯定。

图4 调研组与桃源县县政府相关部门座谈

二、炎陵县调研

4月10日下午，调研组与炎陵县政府相关部门进行了座谈，炎陵县发改委、扶贫办、经科商粮局、财政局、食品药品工商质检局、地税局、金融办、农业局、司法局、信访局、人社局、卫计局、住建局、教育局、民政局、旅游和文体广新局、环保局、园林绿化局、水利水电局、统计局等相关部门人员参与了此次座谈。炎陵县委常委、宣传部长杨慧主持会议。

4月11日上午，调研组一行对三河中心卫生院、鹿原镇中学、鹿原镇金花村改水工程、鹿原镇金花村集中安置小区进行了实地走访。卫计局相关负责人带领参观了三河中心卫生院，并讲解了炎陵县在基本公共医疗服务方面的进展，介绍了县级医院、中心卫生院、村卫生所三级医疗服务机构的运作机制。

炎陵县教育局相关负责人随调研组一行考察了鹿原镇中学。鹿原镇中学在岗教师129人，在校学生1708人。近年来，教师和学生在省级和市级各类比赛评比中成绩不菲，升学率逐年攀升，对贫困学生的援助达到全覆盖。

图5　调研组与炎陵县相关部门人员座谈

图6　调研组走访炎陵县三河中心卫生院

图7　调研组参观考察炎陵县鹿原镇中学

调研组一行随后前往鹿原镇金花村改水工程进行实地考察。项目负责人介绍说，饮水难是贫困村普遍面临的问题。金花村因部分村组海拔较高，一到冬季枯水期便容易出现缺水现象，到夏季则由于降雨量大容易出现用水浑浊，存在安全饮水隐患。2017年，金花村安全饮水工程继续施工。通过新建蓄水池、架设管道等措施使受益人群从贫困群众扩大到普通村民。2017年炎陵县农村饮水安全工程总投资3004万元，其中集中供水工程2845万元，贫困户分散单户供水159万元。项目涉及37个贫困村，存在饮水困难的天坪、西台、枧田洲等8个村以及4个水厂提质改造工程，共计41个集中供水工程项目，目前所有项目基本完工。

图8　炎陵县鹿原镇金花村改水工程

调研组最后参观了鹿原镇金花村集中安置小区，相关负责人介绍了安置小区的基本情况。炎陵县在推进易地扶贫搬迁项目过程中，坚持"定户、定点、定标、定期、定责、定业"的"六定"举措，充分尊重群众意愿，能够不出组的就不到村里去，能够不出村的就不到乡里去，能够不出乡的就不到县里去，以就地安置为主。同时，充分考虑搬迁对象的就业、就医、就学问题，让群众真正安居乐业。

图9 调研组走访炎陵县鹿原镇金花村集中安置小区

三、长沙县调研

2018年6月12～15日、6月25～29日、7月29日至8月2日，调研组三赴湖南长沙县调研，通过召开座谈会、实地走访等形式对湖南长沙县相关方面进行考察。6月13日上午，调研组与长沙县原领导干部进行了座谈。老干部介绍了改革开放四十年来，长沙县走过的发展历程，调研组深受教益。

6月13日下午，调研组一行对三一集团和长沙经济技术开发区进行实地走访。三一集团相关负责人带领参观了三一集团成果展览馆和长沙智能制造车间。三一集团有限公司是一家总部设于中国湖南长沙的跨国集团，公司创建于1989年，是中国最大、全球第五的工程机械制造商，同时也是世界最大的混凝土机械制造商。

图 10　调研组与长沙县老领导座谈

图 11　调研组参观三一集团

长沙经济技术开发区相关负责人随调研组一行参观了长沙经开区展示馆。经开区相关负责人向调研组一行介绍了园区的基本情况，并把四十年来所取得的成就和对未来的规划做了展示。

　　调研组最后与经开区各部门进行了座谈，长沙县政研室、宣传处、经开区党政办、机要处、党群工作局等相关部门人员参与了此次座谈。张友国研究员在听取了长沙经济技术开发区各部门关于改革开放四十年来取得的成就的报告后，对长沙经济技术开发区在引进企业、培育企业等方面做出的成就给予高度肯定。

　　6月14日上午，调研组一行对开慧镇慧润露营基地、锡福村民宿产业基地、金井镇湘丰集团进行实地考察。开慧镇相关负责人带领参观了开慧镇慧润露营基地，并介绍了开慧镇与企业合作，帮助当地贫困户脱贫致富的相关经验。

图 12　调研组一行参观了长沙经开区展示馆

调研组一行随后前往锡福村民宿产业基地。锡福村前支部书记与调研组一行做了简短的座谈，前支部书记介绍了锡福村改革开放四十年来的变化和发展以及民宿产业对脱贫致富起的巨大作用。

　　调研组最后参观了金井镇湘丰集团。湘丰集团相关负责人介绍了企业的基本情况。2016年湘丰集团实现产值15.7亿元，利税8000多万元，并带动了30多万农民增收。湘丰茶业长期与中国科学院亚热带生态研究所、中国茶叶研究所、湖南省茶叶研究所、湖南农业大学等多家科研院所开展战略合作，现拥有核心技术发明专利15项，实用新型专利20项，省级科技成果2项，湖南省科技进步二等奖1项，三等奖1项。

图13　金井镇湘丰集团的生态有机茶园

　　6月14日下午，调研组一行与长沙县政府相关部门进行了座谈，长沙县发改局、经研室、经信局、商务局、交通局、规建局、科技局、财政局、农林局、统计局等相关部门人员参与了此次座谈。在听取汇报后，调研组对长沙县在改革开放四十年来取得的成绩给予充分肯定。

图14　调研组与长沙县政府相关部门进行座谈

　　6月26日，调研组一行对当地民生项目进行参观考察，主要是安沙文化站、春华中学、职业专科学校、县妇幼、牛角冲书屋、泉塘文化站、图书馆等。长沙县近年来启动实施了以"微建设·微民生"为主题的"民生立县三年行动计划"，74个群众密切关注的民生项目得以完成。"医联体"建设卓有成效，长沙县妇幼保健院建成使用，文化活动精彩纷呈。在随后的座谈会上，民政、人社、文广、教育、卫计、规建分管负责人分别介绍了近几年的主要工作建设和心得体会。

　　6月27日，调研组一行对临空经济示范区、黄花综合保税区、长沙经开区进行参观访问。临空经济区区域规划面积达140平方千米，借助"一轴两核三组团"（即空铁联动发展轴、航空与高铁运输服务双核心、空港枢纽/临铁新城/星马创新组团），积聚高端资源，打造长沙县新蓝图。黄花综合保税区依托"一带一路"和"承东启西、连接南北"的特殊区位优势，正蓄势待发，临空"起航"。长沙经开区坚持"工业立区、产业兴区、招商活区、科技强区、建设扩区、和谐安区"的发展思路，初步走出了一条高速度、高科技、高效益的科学发展之路。相关负责人在参观过程中和随后的座谈会上详细为调研组介绍了项目的发展现状和历史，让大家对长沙县的发展动向有了更深刻的认识。

图 15　调研组参观长沙县乡镇中学——春华中学

图 16　调研组与临空经济示范区、黄花综合保税区相关负责人座谈

6 月 28 日，调研组走访了现代农业示范区，对浔龙河村和新明村做了实地考察。两个村落立足于乡村特色，使乡村建设与产业发展融合共通，走出了一条"产业兴旺、生态宜居、乡风文明、治理有效、生活富裕"的发展道路。

6 月 29 日，调研组分别与长沙县人大常委会和政治协商会主要领导进行了座谈和交流。长沙县人大常委会副主任周安伟、曹艳萍、彭军其、曹伟兴，政协主席王益枝分别结合自身工作经历畅谈了长沙县改革开放以来所实施的发展战略及成就。

通过这些天的调研访谈，课题组一行人对长沙县民生立县、生态美县的初衷有了更深刻和更具体的认识。不忘初心、牢记使命。面向新时代，调研组相信长沙县将以永不懈怠的精神状态和一往无前的奋斗姿态向全面建设现代化强县的光辉彼岸破浪前行！

图 17　恒广国际物流园大门

7月29日至8月2日，调研组对长沙县的物流、服务业、楼宇经济和汽配产业进行了调研，主要是对物流中心、商务区、部分公司总部和汽配城进行了实地访问。

物流业考察主要选取了比较有代表性的物流园，包括以中港互流园为代表的生活物流、以恒广国际物流园为代表的公路货运物流，以及长沙高铁站附近的货运物流。①中港互流园园区处于机场高速、京港澳高速、长沙绕城高速 G0401、S21 环绕中心点。距离附近高速公路 2 千米、距离黄花国际机场 10 千米。园区内企业主要经营江浙广和少部分中部城市物流专线。园区运输的货物种类繁多，目之所及的有水果、零食、木板、铁构件、石板、大型设备等。②恒广国际物流园是湖南省最大公路物流港，是湖南省重点工程、省交通运输"十三五"发展规划重点物流园、市政府规划建设的 11 个专业市场群和市十大物流中心之一。它主要经营全国各地物流专线，调研组抵达恒广国际物流园的时候是下午一点，当时园区内货车很多，货物种类比较齐全。

中南汽车世界包含汽车 4S 店、二手车市场（湖南省最大的二手车交易市场）、汽车配件城多个区域。走访中南汽车世界，发现如下情况：①有很多宝马、沃尔沃、丰田、本田、日产等 4S 店，其买家大多是长沙县本地居民，少部分是长沙市居民。这些店家主要销售国产整车，有少量进口整车。②二手车市场中有许多本地商家，大致可分为三类：第一类，只销售二手豪车，主营品牌为保时捷、玛莎拉蒂、法拉利等；第二类，主要销售中高端二手汽车，销售少量豪车，主营品牌为奔驰、奥迪、凯迪拉克等；第三类，主要销售中低端二手汽车，主营品牌为丰田、本田、起亚、比亚迪等。具体销售数据难以获得。能够注意到部分二手车行与汽车之家等二手车网络服务平台有密切合作。③中南汽车世界汽配城中主要经营汽车配件的商家数量很少。一家汽车改装店老板介绍说大部分汽配店都倒闭了，因为电商能够满足车主大部分的配件需求，所以这边的实体店基本没有客人。区域内仍有许多汽车维修店（售卖服务为主型）。

最后，调研组走访了星沙大道的一些企业。其中，长沙百事可乐饮料有限公司是工厂、仓库、办公楼一体的园区，与湖南中粮可口可乐饮料有限公司距离不远，或许是考虑到资源共享、合作的关系，选址时有考量。

图 18　中南汽车世界

图 19　湖南中粮可口可乐饮料有限公司

附　录

附录1　长沙县2017年度"微建设·微民生"项目情况

序号	责任单位	项目名称	申报投资计划（万元）	建设内容	项目建设意义	业务主管部门
1	黄兴镇	黄兴接驾岭社区文化广场项目	50	占地面积约500平方米，建筑面积约100平方米，包括篮球场、健身设施、老年活动中心等	黄兴镇接驾岭社区新城景苑小区系黄兴镇重点工程建设安置居民点，截至2017年8月，现入住800多户，人口接近3000人，急需建设一个社区文化广场，丰富村民的业余文化生活	文广局
2		干杉社区城乡路网工程	40	新建1.3千米村级道路	自S207开工建设以来，大型施工车流量大，许多村级组级道路破损严重，甚至部分新修道路也受损严重，应群众要求，道路提质改造迫在眉睫，既有利于保障辖区内交通安全，更有利于进一步改善村民生产生活条件	交通局
3		仙人市村机耕道项目	40	建一条生态砂石路，对原有田埂进行加高拓宽，长约900米，宽约4米	该项目涉及五个村民小组的田地，辐射240户，870人，旨在加强农村基础设施建设，解决原有路基存在的防汛安全隐患，切实保障群众生命及财产安全	农林局
4		黄兴新村杨托塘高排渠改造工程	60	修缮长约1000米，宽约2.5米渠道	杨托树新路高台渠道于20世纪70年代初修建，为黄兴新村辖区内8个组的排灌用渠，由于年久失修，现已破旧，排灌不通，提质改造后惠及沿线村民近1000人的生产生活	水务局

序号	责任单位	项目名称	申报投资计划（万元）	建设内容	项目建设意义	业务主管部门
5	黄兴镇	沈古公路亮化项目	70	完成约 10 千米道路亮化	该路段是斗塘新村村民出行的必经之路，车流量较大，进行太阳能亮化建设，既有利于保障辖区内的交通安全，更有利于进一步改善村民生产生活条件	城管局
6		暮午线亮化项目	40	安装 82 盏路灯	暮午线属 X031 县道，其中有 4 千米属于万龙村辖区，该路段是万龙村村民出行的必经之路，上下坡与急转弯较多，车流量较大，进行亮化工程建设，既有利于保障辖区内的交通安全，更有利于进一步改善村民的生产生活条件	
7	江背镇	阳雀新村文化公园项目	70	修建文化公园，硬化面积 1500 平方米，绿化 1800 平方米，安装高杆亮化灯 4 盏，排水设计	满足群众日益增长的精神文化需要，充实农村基层文明建设，促进农村和谐发展	示范区管委会、文广局
8		江背社区文化广场项目	175	新建集镇居民文化广场，广场占地面积约 3500 平方米，包括硬化、绿化、亮化、公厕等项目	打造集镇形象，解决社区近万名居民无活动广场和集镇停车难的问题	文广局、国土局
9		特立村五七线至暮午线提质改造工程	184	对特立村五七线至暮五线道路进行提质改造，拓宽、拉直、白改黑、亮化、美化，新建小型休闲广场	有效解决交通拥堵问题，满足居民群众文化需求	交通局
10		五美社区三角坪安全隐患整治项目	30	拆除已有房屋、转弯半径调整、硬化、美化	解决群众最迫切需要解决的安全问题，保障群众的出行安全	交通局、交警大队

序号	责任单位	项目名称	申报投资计划（万元）	建设内容	项目建设意义	业务主管部门
11	黄花镇	黄花路社区"家"文化广场项目	80	改造现有"家"文化广场，包括教师村沿线路面"白改黑"，新建文化厅，增添器材设备，改造门球场	一是解决集镇社区缺乏土地来建设休闲文体中心的实际；二是进一步延伸集镇提质改造的成果，与现代新潮的简欧小镇融为一体；三是宣传"家文化"凝聚人心，将原本封闭式小区转化为开放型小区，实现小区内外居民的融合，打造亲如一家的和谐社区	文广局、交通局
12		崩坎村生态文化广场项目	110	前坪实施改造，后坪新建生态广场、值班室及公共食堂	一是完善村部功能，结合基层党组织"五化"标准，建设"五型"党支部；二是解决村部暂无文化休闲设施的现状，给老百姓提供一个议事学习、休闲娱乐的场地；三是利用有限的资金，村组联动，引导百姓参与，通过村组共建共享的生态文化公园建设，在美丽乡村建设推动中起到示范、引领、辐射作用	文广局
13		鱼塘村机耕道项目	100	回填土2万方；碎石子铺面460方；涵管400米；水圳2000米	一是解决鱼塘村新塘子组、东冲组、坳上组多年来农业机械下不了田，靠传统方式种植的格局，老百姓需求十分迫切；二是可以改善水圳灌溉等设施，有利于农业增产、农民增收，同时还可以是防汛抗旱的需要	农林局
14		东塘村城乡集贸市场项目	100	硬化场地2760平方米，绿化650平方米，排水沟220米，农贸市场管理办公场所建设768平方米，水井、水塔一套，厕所及化粪池30平方米，货物摆放台200米	一是解决农副产品的交易问题，为老百姓自由交易提供场所；二是有效遏制农村"马路市场"；三是推动农村供销合作社建设	商务局

续表

序号	责任单位	项目名称	申报投资计划（万元）	建设内容	项目建设意义	业务主管部门
15	春华镇	春华集镇综合广场项目	190	建设党建文化长廊、篮球场、广场舞健身场、40个停车位，红绿灯路口亮化	解决春华集镇和春华山村2300多名村民的文化活动需要，改善镇域的门户节点形象，有效解决转盘处的交通安全隐患，并将以此打开春华转盘综合整治的突破口	示范区管委会
16		大鱼塘村连心桥项目	80	修建桥跨16米，桥梁长28米，桥面宽7米的便民桥	一是联通三个村（社区）接邻区域，打通交通脉络，可以解决周边约10个组200户800余人村民的出行问题；二是该桥建成后将成为镇域南北向的又一交通次干道，缓解节假日期间大鱼塘集镇的交通压力，为S207大鱼塘段道路交通分流；三是桥梁建成后对该区域未来的产业发展发挥着重要的作用	交通局
17		九木村部至伍水坝渠道提质改造项目	120	开展渠道清淤、护坡，新建三座便民桥、三个灌溉闸，新修1000米机耕道，硬化200米道路	一是对该渠道进行彻底清淤，提高运行效率，解决汛期漫水问题；二是进行渠道生态护坡，打造成村民茶余饭后散步的休闲带，解决群众无处散步的问题；三是整治渠道和修建机耕道，将方便4个村民组，208.9亩稻田灌溉和农业生产；四是硬化200米道路，解决两个组100余名村民出行难的问题	水务局、交通局、农林局

序号	责任单位	项目名称	申报投资计划（万元）	建设内容	项目建设意义	业务主管部门
18		果园古井社区文化公园项目	189	设计建设精神文明展示走廊、村级相关文化展览墙、健身文化区域等	古井社区由原来的古楼新村和月形山社区合并而成，社情民意复杂，但对村民文化活动广场建设意见统一。全村村域面积 10 平方千米，辖 27 个村民小组，全村尚无一处文化广场	文广局
19	果园镇	果园主干道交通配套设施安装工程	20	主要道路红绿灯 2 处、安全护栏、标识标牌的安装	在镇域内交通要道安装红绿灯及安全指示牌，能补齐交通安全设施和道路"短板"，有效提升农村城镇化管理水平，提高农村群众遵守交通规则的意识，有效减少交通事故发生率、保障群众出行安全	交通局、交警大队
20		果园垸大堤路灯安装项目	60	完成果园垸大堤 332 盏路灯安装	果园垸属于果园镇域内重点防汛区域，路灯安装一方面有利于河道汛期内更准确地了解汛情及排查隐患，确保人民群众人身财产安全；另一方面有利于完善果园镇基础设施，方便群众生产生活，安装路灯是再塑和美化村（社区）形象、亮化生活环境的民生工程	城管局、水务局
21		谭家坝桥工程	80	建设桥面宽 6.5 米，跨度（含路基搭接）8 米，厢梁墩式桥		
22	路口镇	新坝桥工程	80	建设桥面宽 6.5 米，跨度（含路基搭接）6 米，厢梁墩式桥	方便群众出行，将麻林村主路连接至新 G107，破除该村交通"瓶颈"	交通局
23		麻林后街便道工程	150	建设路幅宽 6 米，长 350 米路基征拆及拉通，油砂铺面，交安实施等		

序号	责任单位	项目名称	申报投资计划（万元）	建设内容	项目建设意义	业务主管部门
24	路口镇	路口道路交通安全设施工程	50	在村镇主干路、各村连接主路安装指路牌、反光镜、护栏、警示牌、标牌、减速带等，并在交叉口进行绿化视野拓宽	由于镇内国道交通路网里程较长，交通安全压力大，通过完善镇域内道路交通设施完善，提高安全出行保障	交通局、公路局
25	高桥镇	高桥休闲文化公园项目	165	完成三个地块的土地平整、绿化及景观改造、文体设施安装	该项目包含三个子项目：一是高桥锦绣社区螺岭桥与 S207 线交叉路口。该地目前为马路市场及预制板工地，一直以来脏乱差，群众反映强烈。二是杨家湾组刘家垅山塘及周边。该地为通往柳直荀故居的必经之道，毗邻 S207，群众希望此地发展为红色旅游的相应配套。三是金桥村燕江桥畔休闲公园。该地与白鹭湖生态小镇隔河相望，建成后辐射 8 个小组 1200 余人，群众需求强烈	示范区管委会
26		茶桐线 S207 至范林段沿线提质工程	65	对1.5 千米道路周边进行菜地整治、围栏设置、墙绘、绿化、亮化、景观节点打造	茶桐线为高桥镇主要干道，也是美丽乡村片区重要连接线。S207 至范林段的沿线提质，利于美丽乡村和特色城镇的片区发展，且该路段群众建设呼声强烈	示范区管委会、公路局
27		高桥乡村路网建设工程	150	百录村竹山组道路硬化 1.8 千米，维汉村灯笼组、新屋组、火沙坝组等道路硬化 2 千米，范林村思公、陈家、木鱼等组道路硬化 1.2 千米	维汉、百录、范林等村群众对出行道路建设呼声高，部分组多年来一直未通水泥路，给村民出行、学生上学造成极大的不便，项目建成后将极大改善基础设施	交通局

续表

序号	责任单位	项目名称	申报投资计划（万元）	建设内容	项目建设意义	业务主管部门
28	金井镇	金井蒲塘村群众活动广场项目	100	对警务室进行改造，村部坪下管网整理，及活动中心、简易停车坪、休闲场所建设	在村部与S207交会处建设了群众性文体活动广场，为老百姓提供了文体休闲集中活动场所，打造省级贫困村对外展示形象窗口	示范区管委会、文广局
29		金井社区文化公园项目	150	建设花园、休憩区、游步道、篮球场及周边绿化、美化等	建设集休闲、娱乐、健身于一体的群众性活动场所，丰富居民的精神文化生活	示范区管委会、文广局
30		X055金惠段安全隐患消除工程	198	主要为裁弯取直，拓宽部分隐患点，交通安全标识等	该路段为金井镇第一大交通事故路段，长沙市交警支队通报全市致人死亡事故热点路段22处，此段路排在第14位	公路局
31		金井镇"留守儿童"幸福家园改造项目	50	五个点室内统一装修，室外活动场地建设，书籍等教学设备采购	拟集中建设沙田、金龙、蒲塘、湘丰、农裕五个村的儿童幸福家园，打造留守儿童课外学习辅导平台，尤其是为全镇中小学生提供假期学习活动场所，进一步缓解学生寒暑假安全问题	妇联
32	开慧镇	李家山社区生态停车场建设工程	150	建成一个约200个车位的停车场，完善管网、电力、绿化等配套设施	解决集镇居民停车难问题，为即将修建的农贸市场提供配套，方便百姓购物	旅游局
33		上华山村交通路网项目	120	新建全长约680米、宽6米的道路，完善绿化、亮化等配套设施	连通断头路，完善交通网络，方便群众出行	交通局

序号	责任单位	项目名称	申报投资计划（万元）	建设内容	项目建设意义	业务主管部门
34	开慧镇	开慧中心小学交通环境优化工程	70	新建生态停车场约1500平方米，新建一条约185米长、5米宽的道路	解决接送学生拥堵问题，排除交通安全隐患	旅游局、交通局
35		飘峰山村枫树湾组美丽家园建设工程	130	山体边坡治理，房屋前坪硬化约2000平方米，建设一个4000余平方米的景观公园，完善雨污分离、电缆下地等配套设施	完善集居点基础设施，为周边居民提供休闲场所，同时提升干线公路沿线品质，增设红色旅游景点，服务旅游产业发展	示范区管委会
36		金开线南门桥至锡福村沿线路灯改造工程	130	道路全长约8.5千米，沿线现有路灯及线路拆除，新安装约200盏路灯	提质亮化设施，消除安全隐患，方便群众出行	城管局
37	福临镇	福临集镇文化广场项目	190	新建文化广场、管理用房，完善周边配套基础设施	为影珠山村村民以及福临铺中心集镇居民提供一个休闲娱乐的场所，并为大型活动开展提供场地	文广局
38		福临集镇雨污管道改造项目	198	对福临铺中心集镇（双胜桥至白马桥段）进行雨污管网改造，改造主管网1300米，支管网650米，污水井60个	解决集镇雨污管网老化严重问题，为集镇居民提供一个舒适的生产生活环境	水业集团
39		东八线石苍线交叉口环境整治项目	98	完成生态停车坪建设、绿化景观改造，完善公共厕所等配套基础设施	消除路口交通隐患，方便村民换乘公交出行，为周边居民及搭乘公交车的村民提供停车、休闲场地	示范区管委会、交通局

续表

序号	责任单位	项目名称	申报投资计划（万元）	建设内容	项目建设意义	业务主管部门
40	青山铺镇	赛头村文明公园（一期）项目	70	修建行人游步道、文明走廊，实施绿化、美化、亮化工程	打造文明窗口和平台，为村民提供一个高质量的健身场所和公共活动空间	示范区管委会
41	青山铺镇	洪家河东岸沿河基础设施建设项目	80	硬化1000米道路，修建两座桥涵	完善洪家河两岸基础设施，提高防洪抗灾能力	交通局、水务局
42		望华生态示范组美丽家园建设工程	75	实施沈家坝河道改造，打造绣球花主题花园示范组	完善望华组水利设施建设，提高防洪抗灾能力，改善居民生活环境	示范区管委会、水务局
43	青山铺镇	青山铺社区浔龙河河堤提质改造项目	80	对浔龙河河堤进行拓宽提质，完善相关配套设施，总长约1000米	满足居民健身需要，助推全域旅游发展	旅游局
44		天华村浔龙河河堤提质改造项目	75	提质改造原长岳古道，拓宽提质沿浔龙河河堤，总长约1200米	满足居民健身需要，助推全域旅游发展	

序号	责任单位	项目名称	申报投资计划（万元）	建设内容	项目建设意义	业务主管部门
45	安沙镇	安沙鼎功桥村蔡家屋场生活广场项目	60	文化广场建设，亮化、绿化、河道清淤、护砌等	有效解决水患，同时为村民提供一个文化休闲场地	文广局、水务局
46		安沙镇唐田新村德惠文化公园项目	150	文化墙和舞台建设，健身器材安装、绿化、亮化、配套生态停车场等	丰富基层文化生活，提高村民幸福指数，解决周边进城务工人员摩托车的安全停放问题	文广局、国土局
47		安沙镇五龙山村环村公路亮化及道路安全综合整治	28	路灯、标识标牌、转弯镜、反光柱等交通安全设施安装和路面标线等	改善村民出行条件，预防和减少交通事故	交通局、城管局
48		安沙镇黄桥村主干道亮化、绿化工程	50	村级主干道路灯安装、绿化等	改善村民出行条件，美化乡村环境	城管局
49		安沙镇油铺村城皇祠危桥改造及风光整治	150	拱桥改造，文化广场土建、绿化、亮化、健身器材安装等	有效解决道路交通安全隐患，减少交通事故发生，丰富村民文化生活	交通局、文广局

续表

序号	责任单位	项目名称	申报投资计划（万元）	建设内容	项目建设意义	业务主管部门
50	北山镇	常家寨文化公园项目	80	建设文化公园，主要包括绿化、游步道、休憩平台、游乐设施及亮化等	一是丰富群众文化生活；二是完善公园设施，适当举办节会活动，促进森林公园开发和项目招商，加快山上群众脱贫致富	示范区管委会、文广局
51		北山大道安全防护工程	150	北山大道沿线安装安全防护栏及安全警示牌，全长6.2千米	北山大道是北山镇的融城要道，人流、车流量较大。由于没有安装道路安全防护栏及安全警示牌，该路段已发生多起人员伤亡事件，迫切需要安装防护设施	交警大队
52		北山镇乡村道路标识牌项目	55	全镇乡村道路安装道路指示牌和危险路段安全警示标识	北山镇镇域面积大，乡村路网非常复杂，群众出行极为不便，意见较大	交通局
53		新桥乡村旅游环线项目	100	一是改建板塘脚—金塘脚公路；二是建设和尚桥文化广场和咀上屋文化广场；三是相关路段绿化、亮化工程；四是环线旅游设施	新桥社区位于北山镇最北端，交通不便，发展滞后，项目拟围绕该片区文物景点、现代农庄、项目安置区等，打通断头路，打造一个乡村旅游环线，方便群众出行，并带动社会资金和公益资金投入，促进区域旅游开发	交通局
54	星沙街道	星沙街道社区生态停车场改造项目	80	星城社区特立中学周边停车场、杨梅冲社区星邮小区电动车充电停放点、牛角冲社区生态停车场	解决特立中学（9月开学）周边交通拥堵问题，解决星邮小区周边电动车乱停放、私拉乱接充电等安全隐患问题，解决星沙街道一区车辆无处停放问题	城管局
55		星沙街道社区文化广场改造项目	98	完成灰埠社区公园、金牛湾社区文化广场，牛角冲社区城市多功能书屋建设	解决居民文化体育活动场地、丰富群众的娱乐文化生活	文广局

续表

序号	责任单位	项目名称	申报投资计划（万元）	建设内容	项目建设意义	业务主管部门
56	星沙街道	星沙街道社区居民活动中心改造项目	90	完成黄金塘社区、望仙桥、封刀岭社区、金甲坪社区、杉仙岭社区、大西冲社区等六处文化活动中心改造	为满足小区内居民群众的精神文化需求，针对辖区居民群众的不同文化需求，设立文化活动室，方便居民开展内容丰富、形式多样、健康有益的教育、学习娱乐健身等活动	文广局
57		星沙街道压缩式垃圾站改建项目	25	完成大西冲社区幸福里润城一处压缩式垃圾站更换	原有垃圾站为露天式，炎热的天气气味较重、蚊蝇乱飞、细菌滋生对居民生活造成影响，12345市民热线多次被投诉	城管局
58		星沙街道广生塘社区道路维护	15	广生塘社区未拆迁区域坑洼不平的道路进行必要的维护	道路段坑洼不平，雨天泥水四溅，影响居民出行，需要及时进行维护	城管局
59	湘龙街道	水渡坪社区公共服务场所改造工程	80	对居民公共服务中心的居民服务大厅服务功能优化改造、办公用电、生活污水处理改造、便民雨棚建设、屋顶防漏处理、外墙破损修复美化改造等	为社区居民提供一个功能齐备、设施完善、环境舒适、办事方便的社区公共服务场所，提升社区品质	民政局
60		湘瑞家园居住环境改造工程	55	完善监控、门禁系统；汽车、电动车、自行车停车区域分类改造	作为45号令的安置区，完善监控、门禁系统，加强小区安防和秩序管理。回应居民诉求，规范停车区域，解决乱停车、私拉乱接充电现象，改善小区秩序	城管局

续表

序号	责任单位	项目名称	申报投资计划（万元）	建设内容	项目建设意义	业务主管部门
61	湘龙街道	中南社区五金机电城文体配套设施工程	85	利用五金机电城空坪间隙地，修建12个居民休闲活动场地，增设文体活动设施等	解决五金机电城近9万名居民无文体休闲活动场所的难题，增加居民的幸福感	文广局
62		龙塘安置小区临时公共停车场和居民公园休闲及附属设施改造工程	80	停车区域面积约1600平方米，缓解小区部分区域及龙塘小学周边停车压力。公园占地面积约1500平方米，建设文化公园，增加居民文体设施	利用闲置地修建停车场，缓解安置小区内幼儿园和小学周围停车难的问题。建设文化公园，增加安置区内居民的文化休闲活动场地，提升小区文化品质	城管局、文广局
63	泉塘街道	景星等六个楼盘社区公共区域交通设施完善工程	31	对景星、泉韵、阳高、星港、向星、星辉6个楼盘社区停车位的划定及标识标牌的制作安装	解决居民"停车难"及因停车引发的居民矛盾、交通堵塞等问题	交警大队
64		泉塘街道综合文化站提质改造工程	80	对内部的多媒体、接待室、图书室、消防门、监控等公共设施进行提升	给居民的娱乐、健身等休闲活动提供一个整洁、专业、安全的场所	文广局
65		丁家岭社区服务中心改造工程	40	对丁家岭社区屋顶漏水进行修复，对室内装修进行提升	给居民提供生活照料、医疗保健、文体娱乐、精神慰藉等多项服务	民政局
66		泉星社区服务中心改造工程	80	对泉星社区服务中心进行重新装修		

序号	责任单位	项目名称	申报投资计划（万元）	建设内容	项目建设意义	业务主管部门
67	梨街道	陶公庙生态停车场及民生公园项目	100	建设一个可容纳60余辆车停放的生态停车场和廉租房区域绿化提质改造，主要建设内容为生态停车位、场内道路、水毁绿化清除和绿化恢复，排水排污管网，景观小品，照明亮化等	项目建成后，能够解决陶公庙老街居民及社区公共服务中心"停车难"的问题，为周边居民及办事群众提供便利	城管局
68	梨街道	同心生态停车场项目	198	利用大园社区和土岭社区交界处的9亩集体所有闲置空地改造成生态停车场，主要建设内容为部分土方、场内道路、厕所改造、生态停车位、配套相关文体设施和健身活动场所、场地内排水排污管网、绿化、景观照明以及附属设施等	项目建成后，将惠及周边两个社区的居民群众，提升居民群众的生活品质，增强居民群众的幸福感。一是解决梨江路及周边区域"停车难"问题，有利于城市管理；二是改善周边生态环境；三是为周边居民配套休闲、体育等基础设施	城管局
69		金托村道路交通安全隐患整治及提质改造项目	120	对从黄兴大道进出金托村的两条主要道路（分别280米和320米）进行交通安全隐患整治，进行提质改造，拓宽道路，安装交通信号灯和路灯	项目建成后，一是能够有效消除崇源路口的交通隐患；二是能够方便金托村居民的进出；三是能够提升进出道路周边的环境	交通局、交警大队

序号	责任单位	项目名称	申报投资计划（万元）	建设内容	项目建设意义	业务主管部门
70	长龙街道	茶塘村马公祠居民休闲文化广场项目	30	建设一个约2000平方米的休息文化广场并配套相应的文化活动设施	丰富居民文化生活	文广局、示范区管委会
71		湘峰村杨祠公园提质改造工程	50	建设一个群众文化公园并配备相关文化活动设施	一是向群众渲染文化内涵。二是提供休闲、娱乐、文化活动，丰富居民生活	文广局、示范区管委会
72		长龙街道村级主干道亮化工程	160	在蓝田路、湘峰集镇、茶塘村部沿线主干道安装路灯进行道路亮化	项目完工后将与蓝田路、开元路已有的亮化工程形成一个灯带，贯穿茶塘、湘峰、长龙三个村居民较密集的区域，方便群众出行	城管局
73		龙湘社区饮水工程	30	在龙湘社区80户饮水困难的居民组安装自水管网	龙湘社区是地铁三号线停车场和东十一路项目施工在建区域，由于工程建设导致居民地下水系破坏严重，居民生活用水无法保障。一年多来，均靠送水的方式来维持居民的生活用水	规划建设局
74		龙井社区卫生服务站项目	60	建设一个约230平方米的卫生服务站	社区辖区内暂无居民医疗配套，居民就医极为不便，建设社区卫生服务站，为居民生活提供医疗配套服务	卫计局
合计			6922			

附录2 炎陵县2016年农村危房（土坯房）改造实施方案

为切实做好2016年度农村危房（土坯房）改造工作，桃源县根据省、市要求，结合本县实际，特制定该方案。

一、目标任务

2016年全县完成1600户农村危房（土坯房）改造任务，其中建档立卡贫困户危房（土坯房）改造460户；各乡镇完成整体推进示范村1个。各乡镇要综合考虑各自的实际需求、建设与管理能力等因素，合理安排各村的危房（土坯房）改造任务和整体推进示范村，重点向贫困村倾斜，全力做好行业扶贫工作。

二、基本原则

（一）政府支持，农户自愿

在加大农村危房（土坯房）改造政策和资金支持的同时，充分尊重困难农户改造危房（土坯房）的意愿，调动群众自主建房的主动性和积极性，通过自力更生加快建设新家园。

（二）突出重点，精准改造

坚持把经济最困难、住房最危险作为危房改造对象确定的必要条件，着重解决住房危险的建档立卡贫困户的安全住房，着重完成1个行政村的危房（土坯房）改造整体推进工作。

（三）统筹规划，节约用地

摸清农村困难群众危房数量，区别轻重缓急，实行统筹规划，分批实施。新建农房要符合村庄规划和农房设计要求，尽量安排利用村内空闲用地、闲置宅基地和老宅基地进行建设，做到"一户一宅、建新拆旧"。

（四）经济适用，确保安全

从农村实际出发，因地制宜、分类指导，充分考虑农户承受能力，严格控制建房面积和标准，引导和帮助农户建设安全经济、美观适用的房屋。

（五）政策公开，阳光操作

规范审批程序，坚持政策公开、对象公开、补助标准公开，通过民主评议、张榜公示等方式，实行阳光操作。

三、改造对象、标准和方式

（一）改造对象

农村危房（土坯房）改造对象重点是居住在危房中的农村分散供养的五保户、低保户、贫困残疾人家庭、建档立卡贫困户和其他贫困户。农村危房是指依据住房和城乡建设部《农村危险房屋鉴定技术导则（试行)》鉴定属于整栋危险（D级）或局部危险（C级）的房屋。各乡镇要优先帮助住房最危险、经济最贫困的农户解决最基本安全住房。

（二）改造标准

危房（土坯房）改造坚持"一户一宅、建新拆旧"。包括厨房、卫生间在内，建筑面积1人户、夫妻2人户不得超过45平方米，3人户不得超过60平方米。超过3人户的重点帮扶对象人均不得超过18平方米，超过3人户的一般帮扶对象人均不得超过20平方米。拆旧建新的农业生产用房不计入控制面积。

（三）改造方式

（1）修缮加固。拟改造农村危房（土坯房）局部危险即属C级危房的应修缮加固，由农户自行修缮加固，自行加固确有困难的，可以提出申请，由村委会帮助协调施工队伍。

（2）新建。拟改造农村危房（土坯房）整栋房屋属D级危房的应拆除新建。新建房屋原则上以农户自建为主，自建确有困难的有统建意愿的，乡镇人民政府要协助农户选择有资质的施工队伍统建。

四、补助标准和方式

（一）补助标准

（1）重点帮扶一类户：基本无投劳能力和自筹资金能力，基本依靠政府帮扶方能完成农村危房（土坯房）改造的五保户、赤贫户和贫困残疾人家庭等特困农户新建房屋，每户补助 4.5 万元。

（2）重点帮扶二类户：农村低保户、其他农村贫困残疾人家庭和建档立卡贫困户等农户新建房屋或修缮加固每户补助 1.35 万元。

（3）一般帮扶三类户：其他贫困农户新建房屋或修缮加固每户补助 0.75 万元。

（4）"百村示范"精准扶贫农户新建房屋每户补助 4.0 万元。

（二）补助方式

按照《湖南省农村危房改造补助资金管理暂行办法》规定发放到户。

五、改造对象申报程序

（一）个人申请

符合农村危房（土坯房）改造条件的农户，由户主自愿申请填报《湖南省农村危房改造项目申请表》，并将申请表及有关申报材料提交到村委会。

（二）村级初审

村委会负责接受危改农户的申请并初审，召开村民代表会议进行民主评议，并在村务公开栏进行公示，公示时间不少于 7 个工作日，公示无异议后，上报到乡镇人民政府。

（三）乡级审核

乡镇人民政府接到村委会的申报材料后，组织人员上门对房屋状况进行逐户现场勘察，并在《湖南省农村危房改造项目申请表》上注明核实时间和人员；召开乡镇级评议会对拟改造对象名单、改造方式、补助类别、是否村代建等内容进行初审评议；评议结果在乡镇级公示栏进行公示并反馈村民委员会，公示时间不少于 7 个工作日，公示情况拍照留存。公示无异议的，乡镇人民政府出具审核意见，并附相关资料上报县农危改办。

（四）县级审批

县农村危房改造工作领导小组办公室在接到乡镇政府农村危房（土坯房）改造农户汇总表后，组织现场抽查和核实，并在《湖南省农村危房改造项目申请表》上注明核实时间和人员。重点帮扶二类和一般帮扶对象现场抽查比例不少于总数的20%，重点帮扶一类对象逐户上门核实。核实后，县农危改办与扶贫办、移民局、民政局等部门衔接，落实相关政策、资金和项目的对接整合，进行统一审批。经审批后，明确纳入农村危房（土坯房）改造范围。审批情况在县级政府媒体上进行公示，时间不少于7个工作日，并反馈到乡镇、村。

（五）备案

县农危改办汇总《湖南省农村危房改造重点帮扶对象花名册》，报省农危改办备案。

六、组织实施要求

（一）严格把握改造对象

各村委会要优先将低保户、五保户、贫困残疾人家庭、建档立卡贫困户等经济最困难且住房最危险的农户纳入改造对象，对在本村或本村外有安全住房的农户或已享受农村危房（土坯房）改造补助的农户不能纳入农村危房（土坯房）改造对象。在确定改造对象时要坚持公开、公平、公正原则，规范改造对象的审核、审批程序。同时要建立健全公示制度，补助对象基本信息和各审查环节的结果要公示。危房鉴定和改造对象确定工作必须在2016年5月23日前完成，并将重点帮扶对象和一般帮扶对象花名册报县农危改办。各乡镇人民政府组织与获批准为危房（土坯房）改造对象的农户签订协议，明确具体改造要求、改造方式、补助标准、开工时间、竣工时间和公开基本信息要求等内容，五保户还要明确产权归乡镇或村集体。各乡镇人民政府结合实际，确定农村危房（土坯房）改造对象总数25%以上的五保户、低保户、贫困残疾人家庭、建档立卡贫困户等特困农户作为重点帮扶对象，实施重点帮扶政策，其余为一般帮扶对象；确保五保户、低保户、贫困残疾人家庭、伤残军人家庭和计划生育特殊困难家庭占农村危房（土坯房）改造对象总数不低于40%。同时，根据精准扶贫要求，各乡镇要按计划确定建档立卡贫困户的危房（土坯房）改造对象。

（二）严格控制危房（土坯房）改造标准和总造价

危房（土坯房）改造要严格控制拆旧建新的危改对象建房标准，防止贫困农户因超标准、超规模进行危房（土坯房）改造而严重负债。要引导农户先建45~60平方米的基本安全房，并留有农民富裕后可以扩建的空间。

（三）强化工程进度和质量安全管理

各乡镇人民政府要对危房（土坯房）改造对象进行全程跟踪管理，加强对农村危房（土坯房）改造施工进度、工程质量、安全生产、资金落实等情况的监督检查。实行农村危房（土坯房）改造项目进度月报制度，将危房（土坯房）改造工作进度于每月23日上报县农危改办。6月底前，完成危改对象的抽查核实，危房（土坯房）改造开工率达到50%，整体推进村开工率达到60%；8月底前，本年度农村危房（土坯房）改造任务100%开工；11月底农村危房（土坯房）改造任务100%竣工，确保危房（土坯房）改造对象春节前入住新居。县住建局和各乡镇人民政府要严格危房（土坯房）改造施工管理，要组织技术力量，对危房（土坯房）改造户的选址及施工现场开展质量安全巡查与技术指导。

（四）强化精准改造，实施整村推进

各乡镇要摸清建档立卡贫困户的改造意愿，合理安排改造对象，完成建档立卡贫困户的危险住房改造任务；在农户自愿的前提下结合集镇建设、新农村建设、农村人居环境整治等工作，整合政策和资金，完成1个行政村整体推进示范任务，基本实现"危房基本解决，布局较为合理，设施基本配套，环境较为整洁，风貌得到保护"的目标。整体推进示范村应具备以下条件：领导重视，群众积极性较高，村镇规划建设管理较完善；整合相关政策、项目和资金的能力较强；完成后效果较明显，有一定示范作用。

（五）加强传统村落民居保护和农房风貌管理

农村危房（土坯房）改造要注重对传统民居的保护。对于传统村落范围内的传统民居，要严格按规划修缮和改造。各乡镇人民政府要结合《炎陵县农村村民建房管理暂行办法》和县住建局提供的建房设计图纸，尽可能引导村民按照统一规划、统一设计、相对集中的原则，在村组规划村民集中建房区新建房屋，统一风貌。加强对农房风貌建设的技术指导与管理，注重在建筑形式、细部构造、室内外装饰等方面延续民居风格，推动建设具有传统民居特色的现代农房。加强农房风貌综合整治，开展院落美化和净化，使改造后的农房与院落及周边环境相协调。

（六）加强资金使用监管

按照有关规定，农村危房（土坯房）改造资金实行专项管理，分账核算，专款专用，积极配合有关部门做好审计、稽查等工作。相关部门定期检查，发现问题及时纠正，严肃处理，问题严重的要公开曝光，并追究有关责任人员的责任，涉嫌犯罪的移交司法机关处理。

（七）建立健全档案和信息管理

完善农户档案管理。农村危房改造实行一户一档，批准一户，建档一户，规范有关信息管理。农户纸质档案包括项目申请表、危房鉴定表、改造工程协议书、危房改造前、中、后照片，户主身份证户口簿（整本）及有关证明复印件，补助对象的村、乡（镇）公示照片，竣工验收表等材料。建立健全农户纸质档案表信息化录入制度，确保农户档案录入及时、全面、真实、准确。录入情况作为绩效考核和评先评优的重要依据。建立健全信息报告制度。农村危房（土坯房）改造工作严格实行月报制度，各乡镇于每月 23 日以前将工作进度情况上报县农村危房改造工作领导小组办公室。

（八）加强工程验收

11 月底，由乡镇政府先行组织对新建、修缮加固房屋进行初步检查验收，并完善一户一档资料和完成电子信息录入。12 月初，由县农村危房改造工作领导小组办公室会同相关部门对新建、修缮加固房屋进行全面检查验收，并汇总一户一档资料。对验收不合格的农户取消其农村危房（土坯房）改造对象资格，不得享受农村危房（土坯房）改造补助资金。验收情况将作为后续农村危房（土坯房）改造工作任务安排的依据。

七、保障措施

（一）加强领导，落实责任

为了使我县农村危房（土坯房）改造工作有序开展，特成立以分管副县长为组长，县政府办分管副主任、县住房和城乡规划建设局局长为副组长，县发改局、县财政局、县民政局、县住建局、县国土资源局、县农办、县房产局、县扶贫办、县残联、县移民局及各乡镇人民政府负责人为成员的领导小组。领导小组办公室设在县住房和城乡规划建设局，具体负责日常工作。各乡镇人民政府成立相应的领导小组和工作机构，明确一名分管领导和专职工作人员负责此项工作，按照"县为主，乡镇落实，村户实施"的工作方式，各乡镇确保按时按质按量完成任务。各乡镇组织机构和联系方式于2016年3月底前报县农村危房改造工作领导小组办公室。

（二）部门配合，全力推进

农村危房（土坯房）改造工作是重要的民生工作，涉及面广，任务重，时间紧，工作难度大，各有关部门要各负其责，密切配合，搞好政策衔接，形成工作合力，共同推进农村危房（土坯房）改造工作。

（三）严格考核，确保目标

县人民政府将农村危房（土坯房）改造项目列入为民办实事和绩效考核的内容，纳入对各乡镇人民政府的目标管理考核内容，并签订责任状。各乡镇人民政府要高度重视，抓好项目的组织实施，确保我县在11月底全面完成农村危房（土坯房）改造任务。

（四）广泛宣传，公众参与

通过多种方式，积极宣传农村危房（土坯房）改造政策，认真听取群众的意见和建议，及时研究和解决群众反映的困难和问题，充分调动群众参与农村危房（土坯房）改造工作的积极性，促进此项工作有力、有序、有效开展。

附表　炎陵县2016年农村危房（土坯房）改造任务分解

单位	小计	重点帮扶一类户	重点帮扶二类户	一般帮扶户	精准扶贫户	整体推进示范村	完成建档立卡贫困户
霞阳镇	204	30	30	144		1	40
霞阳镇（九龙）	35	10	15	10			20
十都镇	125	25	25	75		1	40
十都镇（大院）	5		1	4			
沔渡镇	140	12	22	106		1	20
龙溪乡	80	11	21	48		1	55
水口镇	228	40	40	148		1	10
中村乡	228	40	40	148		1	100
下村乡	95	40	25	30		1	50
策源乡	115	10	20	70	15	1	40
鹿原镇	215	40	40	120	15	1	70
船形乡	130	12	21	97		1	15
合计	1600	270	300	1000	30	10	460